왕 같은 제사장의 삶

.

┃ 이 저서는 아세아연합신학대학교 학술연구저서 지원비에 의해 작성된 저서입니다.

왕 같은 제사장의 삶
THE LIFE OF ROYAL PRIESTHOOD

권오윤 지음

십계명 해석의 원리와 실제
—

Principle and Practices of
the Interpretation
of the Ten Commandments

barahBom

십계명과 율례들은 구원받기 위한 조건이 아니라
이미 구원받은 이스라엘 백성들이 하나님 앞에서
어떻게 살아야 하는지를 가르쳐 주신 하나님의 말씀이다.
우리는 왕 같은 제사장의 사명을 잘 감당하기 위해
십계명과 율례들을 알아야 하고 또 지켜 행하기를 힘써야 한다.
이것이 바로 우리를 기이한 빛에 들어가게 하신
이의 아름다운 덕을 선전하는 복음 전파의 삶이다.

왕 같은 제사장의 삶은 어떠해야 하는가를
잘 드러내 주심에 감사하면서

아세아연합신학대학교의 권오윤 교수님께서 이번에 좋은 책을 출간해 주셨습니다. 이 귀한 일에 감사드리면서, 이 책의 귀한 점을 다음과 같이 몇 가지로 말씀드리려 합니다.

첫째로, 이 책의 구조가 너무 귀합니다. 이는 십계명에 대해서 연구하신 구약 교수님께서 그것을 폭넓은 논의 속에서 제시하시되, 기본적으로 하나님에 의해서 구원함을 받아 "왕 같은 제사장"된 사람들이 어떻게 살아야 하는 가를 중심으로 논의하고 있다는 점에서 귀합니다. 그러므로 이 책은 기본적으로 성경신학적이고, 개혁신학적입니다. 이 두 가지는 본래 같이 가는 것입니다. 근자에 이를 떼어 놓으려는 시도들이 많은 가운데서 권 교수님께서는 역시 뛰어난 구약학자이면서 역시 개혁신학에 충실하신 분임을 잘 드러내고 계십니다. 성경신학적이면서 개혁신학적이라는 것만으로도 이 책은 이 땅의 모든 그리스도인들이 잘 읽고 그 내용을 즐기면서, 동시에 이와 같이 생각하는 방법을 배워야 할 것입니다. 이 책을 통해서 한국교회에 성경신학적 사유와 개혁신학적 사유가 가득하기 바랍니다.

둘째로, 이 책을 모든 성도들이 읽도록 하기 위해서 권 교수님께서 그런 인상을 주지 않기 위해 애쓰셨지만, 이 책은 구약 학계와 신약 학계에서 계속 논의되고 있는 문제들을 잘 의식하면서 그 모든 논의에 대해서 사람들이 잘못된 방향을 가지 않도록 잘 유도하시는 귀한 책입니다. 그러므로 의식 있는 독자들은 학계가 어떤 점에서 이상한 방향으로 나가는 데 그 속에서 배울 것은 무엇이고, 특히 주의해야 할 것은 무엇인지를 잘 알아차릴 수 있을 것입니다.

셋째로, 그러면서도 이 책은 매우 실천적입니다. 계속해서 지금 여기에 있는 신약의 성도들이 과연 이를 어떻게 생각해야 하고, 어떻게 살아야 하는 가를 잘 논의하고 계십니다. 그런 점에서 이는 종교개혁자들과 그 후예들의 지속적인 논의의 노선을 잘 계승하고 있습니다. 우리들이 권 교수님의 안내를 잘 따라서 이 세상에서 "왕 같은 제사장"으로 어떻게 살아야 하는 가를 잘 의식하고, 과연 그렇게 살아나갈 수 있기를 바랍니다.

부디 많은 분들이 읽고 유익을 얻기를 바라면서, 이 책과 창세기에 대한 논의로 신학적 저술을 시작하신 권 교수님의 앞으로의 활동에 주께서 힘주시기를 바라면서 짧은 추천의 글을 드립니다.

이 승 구
(합동신학대학원대학교 조직신학 교수)

이 책은 십계명에 관한 책입니다. 십계명은 하나님께서 출애굽 한 이스라엘 백성들에게 주신 하나님의 말씀입니다.

하나님께서는 이스라엘 백성들을 애굽 땅, 종 되었던 집에서 구원하시고 "너희가 내 말을 잘 듣고 내 언약을 지키면 너희는 모든 민족 중에서 내 소유가 되겠고 너희가 내게 대하여 제사장 나라가 되며 거룩한 백성이 되리라"(출 19:5-6)라고 말씀하셨습니다. 하나님께서는 시내 산에서 이스라엘 백성들과 언약을 맺으시면서 이스라엘 백성들이 듣고 지켜야 할 하나님의 말씀을 책으로 기록하게 하셨는데 그것이 바로 언약서입니다.

언약서는 십계명(출 20장)과 미쉬파팀(율례들, 출 21장-23장)으로 구성되어 있습니다. 십계명은 하나님께서 이스라엘 백성들과 맺으신 언약에 대한 핵심적이고도 함축적인 규정입니다. 미쉬파팀은 언약적 규정, 즉 십계명을 날마다 생활 속에서 어떻게 적용하고 실천해야 하는가를 말해주는 삶의 원리입니다. 하나님께서 십계명의 각 계명을 통해 우리에게 요구하시는 의도는 하나님께서 직접 십계명을 풀어 설명해 주신 미쉬파팀에 잘 나타나 있습니다.

이 책은 십계명에 대한 학자들의 논쟁보다는 성경적인 문맥에서 십계명과 미쉬파팀의 관계를 통해 각 계명의 의미를 설명하였습니다. 서론에서는 기독교인들이 왕 같은 제사장으로서 그 사명을 감당하게 하시는 하나님의 방법이 십계명과 미쉬파팀에 대한 순종임을 역설하였습니다. 본론에서는 십계명의 순서에 따라 첫째, 십계명 각 계명(출 20장)의 의미를 파악하고 둘째, 미쉬파팀(출 21장-23장)을 중심으로 각 계명에 함축되어 있는 하나님의 뜻이 무엇인지 살펴보았습니다. 그리고 셋째, 십계명과 율례들의 의미를 확장하여 우리가 주목해야 할 교훈을 간략하게 제시하였습니다.

십계명은 구원받기 위한 조건이 아니라 이미 구원받은 이스라엘 백성들이 하나님 앞에서 어떻게 살아야 하는지를 가르쳐 주신 하나님의 말씀입니다. 즉, 십계명은 구원받은 성도들을 위한 삶의 지침입니다. 예수 믿고 구원받은 성도들은 왕 같은 제사장의 사명을 감당하기 위해 반드시 십계명과 율례들을 알아야 하고 또 지켜 행하기를 힘써야 합니다. 그렇게 하는 것이 바로 "우리를 기이한 빛에 들어가게 하신 이의 아름다운 덕을 선전"하는 복음 전파의 삶이기 때문입니다(벧전 2:9).

이 책은 교회에서 성경 말씀을 가르치고 설교하는 목회자들이나 신학에 입문하는 신학생들, 그리고 하나님의 말씀을 사모하는 모든 성도를 대상으로 쓰여졌습니다. 이 책을 통해 우리 모두가 십계명에 담겨있는 하나님의 뜻이 무엇인지 잘 알고, 하나님의 말씀을 지켜 순종함으로 왕 같은 제사장의 사명을 잘 감당할 수 있기를 바랍니다.

이 책을 집필하는 동안 늘 한결같은 마음으로 응원하고 기도해 주신 노원성도교회 조성웅 목사님과 성도들에게 감사의 말을 전합니다. 천국을 향한 삶의 여정에서 늘 든든한 믿음의 동역자들이기 그 고마움이 더합니다.

이 책이 만들어지는 과정에서 원고정리, 교정까지 온갖 수고를 마다하지 않으신 출판사 바라봄의 어윤선 편집장께 감사드립니다. 또한 신학 서적의 출판을 통해 한국 교회 성도들의 신앙에 도움을 주겠다는 투철한 사명감으로 이 책의 원고를 직접 읽고 조언을 아끼지 않으신, 그리고 이 책을 아름답게 출판해 주신 출판사 바라봄의 김은주 대표께도 깊은 감사를 드립니다.

사랑하는 아버지 권영조 장로님과 조금 먼저 천국에서 안식하시는 어머니 고 곽정순 권사님께 그리운 마음과 함께 이 책을 바칩니다.

2021년 여름
남한강이 내려다 보이는 ACTS 양평 캠퍼스에서
권 오 윤

차 례

제1부

서 론

제2부

십계명 해석의 원리

제3부

십계명 해석의 실제

제4부

결 론

제1부

서 론

그러나 너희는 택하신 족속이요
왕 같은 제사장들이요
거룩한 나라요
그의 소유가 된 백성이니
이는 너희를 어두운 데서 불러 내어
그의 기이한 빛에 들어가게 하신 이의
아름다운 덕을 선포하게 하려 하심이라

(벧전 2:9)

기독교인의 존재와
삶의 방식인 십계명

**십계명에서 가장 중요한 것은,
그것이 우리가 무엇을 해야 하고
무엇을 하지 말아야 하는지에 대한 것이 아니라
우리가 누구인지를 설명해 준다는 점이다.[1]**

출애굽기 19:4-6

하나님께서는 죄로 인해 스스로 멸망할 수밖에 없는 이 세상에서 아브라함을 택하시고, 이스라엘 백성들을 애굽 땅 종 되었던 집에서 구원하셨다.[2] 출애굽 한 이스라엘 백성들이 시내 산에 도착했을 때 하나님께서는 모세를 통해 다음과 같이 말씀하셨다.

---

1) 레이먼드 브라운, 『신명기 강해』, 정옥배 역 (서울: IVP, 1997), 117.
2) 하나님께서 아브라함을 택하시고 이스라엘을 구원하신 역사적, 신학적 배경에 대해서는 권오윤, 『왕 같은 제사장: 베드로전서 2:9의 관점에서 본 창세기』 (파주: 바라봄, 2021)를 참고하라. 본서는 이 책의 후속으로 "왕 같은 제사장"으로서 어떻게 살 것인가의 문제를 십계명을 중심으로 다루고자 한다.

출 19:4-6 [4]내가 애굽 사람에게 어떻게 행하였음과 내가 어떻게 독수리 날개로 너희를 업어 내게로 인도하였음을 너희가 보았느니라 [5]세계가 다 내게 속하였나니 너희가 내 말을 잘 듣고 내 언약을 지키면 너희는 열국 중에서 내 소유가 되겠고 [6]너희가 내게 대하여 제사장 나라가 되며 거룩한 백성이 되리라

출애굽기 19:4-6의 내용은 세 부분으로 구분된다.

첫째, 하나님께서는 이스라엘 백성의 구원을 위해 행하신 일들을 상기시키신다: "내가 행하였다", "내가 너희를 업었다", "내가 너희를 인도하였다". 하나님께서 주권적으로 이스라엘 백성들을 출애굽 시키시고, 시내 산까지 그들을 지키시고 인도하셨다.

둘째, 하나님께서는 **이스라엘 백성들을 택하시고 구원하신 목적**에 대해 말씀하신다. 하나님께서는 이스라엘 백성들이 하나님의 소유(보배), 제사장 나라, 거룩한 백성이 되게 하시려고 그들을 택하시고 구원하셨다. 이 말씀은 출애굽 한 이스라엘 백성들의 정체성과 사명에 대한 하나님의 선언이다.

셋째, 하나님께서는 **구원의 목적을 이루는 방법**에 대해서도 친히 알려주셨다. 하나님께서는 이스라엘 백성들에게 "너희가 내 말을 잘 듣고 내 언약을 지키면" 너희는 열국 중에서 내 소유(보배)가 되겠고, 제사장 나라, 거룩한 백성이 되리라고 말씀하셨다.

> 여호와께서는 시내 산에서 이스라엘 자손들에게 세상 속에서 그들이 감당해야 할 사명과 예배/섬김에 대해 추가로 지침을 주셨다.[3]

---

3) 제임스 브루크너, 『출애굽기』, 김귀탁 역 (서울: 성서유니온, 2015), 272.

▌구원의 목적[4)]

하나님의 보배

하나님께서는 이스라엘 백성들이 모든 민족 중에서 하나님의 סְגֻלָּה(세굴라)가 되게 하시려고 그들을 택하시고 구원하셨다.[5)] סְגֻלָּה의 사전적 의미는 "소유" 또는 "보배"이다.[6)] 출애굽기 19:5의 סְגֻלָּה는 "소유"보다는 "보배"로 번역하는 것이 본문의 문맥에 더 적합하다. 왜냐하면 하나님께서 이미 출애굽기 19:5 상반절에서 "세계가 다 내게 속하였나니"라고 말씀하셨기 때문이다. 하나님께서는 이 세상 모든 민족이 다 내게 속하였지만 그들 가운데 이스라엘 백성들을 택하시고 구원하셔서 "내 보배"가 되게 하시겠다고 말씀하신다. 하나님께서는 이스라엘 백성들을 "하나님의 보배로운 백성이 되게 하시고, 그 지으신 모든 민족 위에 뛰어나게 하사 찬송과 명예와 영광을 삼으시기"를 원하신다(신 26:18-19).

제사장 나라

하나님께서 이스라엘 백성들이 "제사장 나라"(מַמְלֶכֶת כֹּהֲנִים, 맘레케트 코하님)가 되게 하시려고 그들을 택하시고 구원하셨다. מַמְלֶכֶת כֹּהֲנִים이라는 말은 유대교와 기독교 전통에서 다양하게 번역되거나 의역되었다. 70인역에서는 מַמְלֶכֶת כֹּהֲנִים을 βασίλειον ἱεράτευμα(바실레이온 히에라튜마),[7)] 즉 "왕

---

4) 이에 대해서는 권오윤, 『왕 같은 제사장: 베드로전서 2:9의 관점에서 본 창세기』, "제3장 이스라엘을 택하시고 구원하신 목적"을 참고하라.

5) 개역개정이 "소유"라고 번역한 סְגֻלָּה를 RSV는 "소유"로, NIV는 "보배로운 소유"로, KJV은 "특별한 보배"로 번역하였다. 70인역에서는 "백성"을 첨가하여 "특별한 백성"(λαὸς περιούσιος, 라오스 페리우시오스)으로 번역하였다.

6) Francis Brown, S. Driver and C. A. Briggs, *The Brown-Driver-Briggs Hebrew and English Lexicon With an Appendix Containing the Biblical Aramaic* (Peabody: Hendrickson Publishers, 1999), 688. 이하 BDB로 표기함.

7) ὑμεῖς δὲ ἔσεσθέ μοι βασίλειον ἱεράτευμα καὶ ἔθνος ἅγιον ταῦτα τὰ ῥήματα ἐρεῖς τοῖς υἱοῖς

적인 제사장직"(a royal priesthood), "왕의 능력과 영광을 가진 제사장적인 나라"(a priestly nation of royal power and glory)라는 의미로 번역하였다.[8] 탈굼 옹켈로스는 מַמְלֶכֶת가 왕권이라는 독립적인 의미를 가진 것으로 간주하고 מַלְכִין כָּהֲנִין(말킨 코하닌, "왕들-제사장들")으로 번역하였다.[9] 김규섭은 출애굽기 19:6의 מַמְלֶכֶת כֹּהֲנִים에 대한 견해를 (1) 제사장들이 통치하는 이스라엘 (Israel ruled by priests), (2) 제사장과 같이 이 세상과 구별되는 나라(a kingdom set apart like priesthood), (3) 왕 같은 제사장(a royal priesthood) 등 세 가지로 분류하고 검토한 후, מַמְלֶכֶת(맘레케트)는 "왕국"(나라)으로, כֹּהֲנִים(코하님)은 이스라엘 전체에 대한 은유적인 표현으로 보아야 한다고 주장한다. 따라서 그는 מַמְלֶכֶת כֹּהֲנִים은 "제사장적인 나라"(priestly kingdom)로 번역하는 것이 적절하다고 제안한다.[10]

מַמְלָכָה(맘라카)는 "왕의 주권, 위엄의 총체로서의 왕권"을 의미하거나 또는 "나라, 왕과 백성들의 연합, 즉 왕이 다스리는 영토와 백성"을 의미한다.[11] כֹּהֲנִים(코하님)은 "제사장"이다. מַמְלֶכֶת כֹּהֲנִים은 מַמְלָכָה의 문자적 의미와 연계형에 대한 이해에 따라 그 의미를 파악할 수 있다. 그러나 무엇보다도 이 표현이 함축하는 의미를 파악할 수 있는 가장 좋은 방법은 성경의

Ισραηλ(Exo 19:6) *Septuaginta*, ed. A. Rahlfs (Stuttgart: Württembergische Bibelanstalt, 1935; repr. in 9th ed., 1971).

8) C. F. 카일, F. 델리취, 『카일·델리취 구약주석 2: 출애굽기』, 김득중 역 (서울: 기독교문화사, 1987), 218-19; 채영삼은 βασίλειον ἱεράτευμα에서 βασίλειον(바실레이온)은 왕국, 왕의 거처를 의미하는 중성 명사형으로 볼 경우 "왕 되신 하나님께서 거하시는 나라", 곧 "제사장 공동체"로 볼 수 있다고 한다. 채영삼, 『십자가와 선한 양심』 (서울: 이레서원, 2014), 145.

9) Israel Drazin, Stanley M. Wagner, *Onkelos On The Torah; Understanding the Bible Text Exodus* (Jerusalrem: Gefen Publishing House, 2006), 116.

10) 김규섭, "The Meaning of 'mamleket kohanim' in Exodus 19:6 Revisited,"「성경원문연구」 35 (2014): 263.

11) 카일, 델리취, 『카일·델리취 구약주석 2: 출애굽기』, 218.

문맥을 살펴보는 것이다.

　신약성경에서 특히 요한계시록에는 이와 같거나 유사한 표현들이 다수 발견된다. 요한계시록 1:5-6은 죽은 자 가운데서 부활하신 예수 그리스도께서 그의 피로 우리를 구원하시고 하나님을 위하여 우리를 "나라와 제사장"(βασιλείαν, ἱερεῖς, 바실레이아, 히에레이스)으로 삼으셨다고 말씀한다. 요한계시록 5:10은 일찍이 죽임을 당하신 어린 양이 "각 족속과 방언과 백성과 나라 가운데서 사람들을 피로 사서 하나님께 드리시고 그들로 우리 하나님 앞에서 나라와 제사장(βασιλείαν καὶ ἱερεῖς, 바실레이안 카이 히에레이스)들을 삼으셨으니 그들이 땅에서 왕 노릇 하리로다"라고 말씀한다. 요한계시록 20:6도 "첫째 부활에 참여하는 자들은 … 하나님과 그리스도의 제사장이 되어 천 년 동안 그리스도와 더불어 왕 노릇(βασιλεύσουσιν, 바실류수신)[12] 하리라"라고 말씀한다. 사도 바울도 로마서 5:17에서 예수를 믿음으로 "은혜와 의의 선물을 넘치게 받는 자(성도)들은 한 분 예수 그리스도를 통하여 생명 안에서 왕 노릇 하리로다"라고 말씀한다. 신약성경은 예수 그리스도께서 그의 피로 구원하신 성도들을 하나님을 위하여(계 1:6), 하나님 앞에서(계 5:10) "나라와 제사장"으로 삼으시고 그들이 그 땅에서 "왕 노릇 하리라"(계 20:6; 롬 5:17)라고 말씀한다. 베드로전서 2:9은 מַמְלֶכֶת כֹּהֲנִים을 βασίλειον ἱεράτευμα(바실레이온 히에라튜마)로 번역한 70인역을 그대로 받았다. 개역개정은 βασίλειον ἱεράτευμα를 "왕 같은 제사장"으로 번역하여 그 의미를 잘 드러내고 있다.

---

12) 동사 βασιλεύω(통치하다, 다스리다)는 바실류스(βασιλεύς, 왕)에서 유래했으며 "왕이 되다, 왕의 권력을 행사하다, 통치하다"를 의미한다.

"왕 같은" 제사장

"왕 같은 제사장"이란 "왕과 같은 권세를 지닌 제사장"이라는 의미이다. 그런데 이스라엘은 철저하게 정교분리의 원칙을 가지고 있다. 왕은 제사장을 겸할 수 없다. 왕은 유다 지파에서, 제사장은 레위 지파에서 세워진다. 레위 지파 중에서도 오직 아론과 그 자손들에게만 제사장 직분이 주어진다. 따라서 성경적 문맥에서 보면 "왕 같은 제사장"이라는 말은 왕인 동시에 제사장을 겸하는 말로 이해할 수 없다. 그렇다면 "왕 같은 제사장"이란 어떤 의미인가?

하나님께서는 하나님의 보배, 제사장 나라, 거룩한 백성이 되게 하시려고 이스라엘 백성들을 택하시고 구원하셨다. 나라가 있고, 백성이 있다. 이 나라의 왕은 바로 하나님이시다. 왕이신 하나님께서 이스라엘 백성들에게 너희는 "왕 같은 제사장"이 되라고 말씀하신다. 출애굽 한 이스라엘 백성들에게 "왕 같은"이라고 할 때, 이는 "하나님과 같은"이라는 뜻이다. 마찬가지로 하나님께서 예수 그리스도의 피로 구원하신 성도들에게 "왕 같은"이라고 할 때, 이는 "하나님과 같은"이라는 뜻이다.

하나님께서는 하나님의 모양과 하나님의 형상을 따라 사람을 창조하셨다 (창 1:26-27). 인간은 하나님을 닮은 존재로서 하나님의 왕권을 위임받아 하나님께서 창조하신 천지 만물을 정복하고 다스리는 대리적 통치자로 지음받았다. "인간은 땅에서 하나님의 왕권을 대변한다."[13] 이 세상 사람들은 세상의 지배를 받으며 살아간다. 그러나 하나님께서 택하시고 구원하신

---

13) 스티븐 뎀프스터, 『하나님 나라 관점에서 읽는 구약신학』, 박성창 역 (서울: 부흥과개혁사, 2012), 77; 엘머 에이 말텐스, 『하나님의 계획: 새로운 구약신학』, 김의원 역 (서울: 아가페출판사, 1989), 120.

성도들은 이 세상에 속해 있지만 이 세상의 지배를 받는 것이 아니라 오히려 세상을 정복하고 다스리는 왕과 같은 존재이다. 예수 그리스도께서 그 피로 구원하신 성도들은 하나님을 위하여(계 1:6), 하나님 앞에서(계 5:10), 왕 같은 제사장으로서 하나님을 섬기며 하나님의 뜻이 하늘에서 이루어진 것처럼 땅에서도 이루어지도록 힘써야 한다.

왕 같은 "제사장"

하나님께서 이스라엘 백성들이 하나님과 이 세상 사이에서 제사장으로서의 역할을 감당하기를 원하신다. 이스라엘이 감당해야 할 제사장의 역할은 무엇인가?

> **신 21:5** 레위 자손 제사장들도 그리로 갈지니 그들은 네 하나님 여호와께서 택하사 자기를 섬기게 하시며 또 여호와의 이름으로 축복하게 하신 자라 모든 소송과 모든 투쟁이 그들의 말대로 판결될 것이니라

제사장은 하나님 여호와께 택하심을 받아 하나님을 섬기고, 여호와의 이름으로 축복하며, 모든 소송과 투쟁을 판결하는 직분이다.

• 하나님을 섬기는 일

하나님께서는 제사장을 세우셔서 여호와의 성막에서 봉사하게 하시고 이스라엘 회중 앞에 서서 그들을 대신하여 하나님을 섬기게 하셨다. 제사장이 하나님께서 정하신 절차에 따라 이스라엘 자손의 온 회중을 위하여 속죄하면 하나님께서는 그들의 죄를 사해 주신다(민 15:25). 하나님께서는 이스라엘 백성들이 하나님과 세상 사이에서 이러한 중재의 역할을 감당하는 제사장 나라가 되기를 원하신다. 하나님께서는 죄악 가운데 있는 열방의 구원을 위한 중재자로서 이스라엘을 택하시고 구원하셨다.

• 이스라엘을 축복하는 일

하나님께서는 제사장으로 세우신 아론과 그 아들들에게 이스라엘 자손을 위하여 다음과 같이 축복하며 기도하라고 명하셨다.

> 여호와는 네게 복을 주시고 너를 지키시기를 원하며
> 여호와는 그의 얼굴을 네게 비추사 은혜 베푸시기를 원하며
> 여호와는 그 얼굴을 네게로 향하여 드사 평강 주시기를 원하노라
> **민수기 6:24-26**

제사장이 이같이 하나님의 이름으로 축복하면 하나님께서는 그 기도대로 이스라엘 백성들에게 복을 주시겠다(민 6:27)고 말씀하셨다. 하나님께서 이스라엘을 택하시고 구원하신 것은 이스라엘만을 위한 것이 아니다. 하나님께서는 이스라엘 백성들이 제사장 나라로서 하나님과 세상 사이에서 축복의 통로가 되기를 원하신다. 이것은 하나님께서 아브라함에게 주신 사명과 동일하다. 하나님께서는 아브라함을 택하시고 부르셔서 그에게 복을 주실 뿐만 아니라 "너는 복이 되라"라고 명하셨다(창 12:1-3). 하나님께서는 땅의 모든 족속이 복을 얻게 하시려고 아브라함을 부르셨다. 마찬가지로 하나님께서는 하나님과 세상 사이에서 축복의 통로가 되게 하시려고 이스라엘을 구원하셨다. 아브라함의 부르심과 이스라엘의 출애굽은 땅의 모든 족속에게 복을 주시기 위한 하나님의 뜻이 담겨있다.

• 재판하는 일

재판은 하나님께 속한 것이다(신 1:17). 하나님께서는 "하나님의 지혜를 따라 하나님의 율법을 아는"(스 7:25) 제사장을 재판관으로 세우시고, "우리의 재판장이신 여호와 앞에 서서"(사 33:22; 신 17:9; 계 5:10) "하나님께서 주시는 지혜와 지식으로"(대하 1:10-11) "공정한 재판을 통하여"(레 19:15; 신 1:16)

하나님의 공의를 드러내게 하셨다. 하나님께서는 이스라엘 백성들이 제사장 나라가 되어 하나님 앞에서, 하나님께서 주시는 지혜와 지식으로, 하나님의 공의가 이 땅 위에 이루어지도록 힘쓰기를 원하신다.

이상과 같이 제사장은 하나님께 택함을 받아 하나님을 섬기고, 하나님과 백성들 사이에서 중재의 역할을 하고, 하나님의 이름으로 축복하며 기도하는 중요한 직분이다. 그뿐만 아니라 하나님께서 주시는 지혜를 따라 이 땅 위에 하나님의 공의를 드러내며 죄인 된 이 세상 사람들을 하나님 앞으로 인도하는 사명을 감당하는 직분이다. 하나님께서는 이러한 제사장의 직분을 감당하게 하시려고 이스라엘 백성들을 택하시고 구원하셨다.

거룩한 백성

하나님께서는 거룩한 백성이 되게 하시려고 이스라엘을 택하시고 구원하셨다(레 19:1-2). 하나님은 거룩한 분이시다. 이스라엘이 하나님의 보배가 되고, 열방의 구원을 위한 중재자로서, 하나님의 공의를 드러내는 하나님의 제사장 나라가 되기 위해서는 무엇보다도 하나님 앞에서 거룩한 백성이 되어야 한다. 거룩한 백성은 "일차적으로 다른 나라로부터 구별되어 하나님께 속한 나라를 의미한다."[14] 하나님께서는 출애굽 한 이스라엘이 이 세상과 구별되는 거룩한 삶을 통해 하나님의 영광을 드러내며 열방을 하나님께로 인도하는 구원 사역을 잘 감당하기를 원하신다.

세계가 다 하나님께 속하였지만 하나님께서는 그 가운데서 특별히 이스라엘 백성들을 택하시고 그들을 종 되었던 애굽 땅에서 구원하셨다. 그런데

---

14) 아란 콜, 『출애굽기: 틴델 구약주석』, 장도선 역 (서울: 기독교문서선교회, 1990), 211.

구원이 전부가 아니고 구원이 끝이 아니다. 하나님께서는 이스라엘 백성들에게 "너희는 모든 민족 중에서 내 소유(보배)가 되겠고 너희가 내게 대하여 제사장 나라가 되며 거룩한 백성이 되리라"라고 말씀하신다. 이것이 바로 하나님께서 이스라엘을 택하시고 구원하신 목적이며 이스라엘이 하나님 앞에서 감당해야 할 사명이다.[15]

⦙ 베드로전서 2:9

하나님께서는 예수 믿고 구원받은 성도들에게 다음과 같이 말씀하셨다.

> **벧전 2:9** 그러나 너희는 택하신 족속이요 왕 같은 제사장들이요 거룩한 나라
> 요 그의 소유가 된 백성이니 이는 너희를 어두운 데서 불러내어 그의 기이한
> 빛에 들어가게 하신 이의 아름다운 덕을 선포하게 하려 하심이라

베드로전서 2:9은 기독교인의 정체성과 삶의 목적에 대한 하나님의 선언이다.

먼저 하나님께서는 기독교인이 이 세상에서 어떤 존재인가를 밝혀주셨다. 예수 믿고 구원받은 성도들은 하나님의 "택하신 족속이요, 왕 같은 제사장들이요, 거룩한 나라요, 그의 소유된 백성"이다. 베드로전서 2:9은 앞서 살펴본 출애굽기 19:5-6과 그 내용이 동일하다.[16] 즉, 구약시대에 하나님

---

15) 윌리엄 J. 덤브렐, 『새 언약과 새 창조』, 장세훈 역 (서울: 기독교문서선교회, 2003), 154-55 참고.

16) 레이몬드는 베드로가 "출애굽기 19:5-6에 있는 이스라엘에 대한 하나님의 선언을 베드로전서 2:9에서 예수 그리스도의 교회에 적용"했다고 말한다. 로버트 L. 레이몬드, "전통적 언약신학 견해", 『이스라엘과 교회에 대한 관점, 네 가지 견해』, 채드 O. 브랜드 편, 정규영 역 (이천: 성서침례대학원대학교 출판부, 2016), 87.

께서 택하시고 구원하신 이스라엘 백성들과 신약시대에 예수 그리스도를 믿고 구원받은 성도들의 정체성과 사명에 대한 하나님의 선언이 동일하다. 이런 관점에서 볼 때 성경은 구약 이스라엘과 신약 교회를 본질적으로 동일한 실체로 간주하고 있음을 알 수 있다.[17]

구약 이스라엘은 하나님께서 택하시고 구원하신 하나님 나라, 거룩한 백성들이다. 실제로 구약에서 아브라함으로부터 시작되는 이스라엘은 단순히 아브라함의 혈통적 후손들만으로 구성된 것이 아니다. 이방인일지라도 하나님에 대한 신앙을 고백하는 자는 하나님께서 정하신 절차, 즉 할례를 받음으로 하나님의 언약 백성인 이스라엘의 회중에 들어올 수 있었다. 할례는 여호와 하나님을 믿고 하나님의 말씀대로 순종하는 하나님 나라, 거룩한 백성이 되었다는 언약의 표징이다. 이런 점에서 구약의 할례는 신약의 세례와 같다.[18] 유대인이든 이방인이든 할례를 받음으로 하나님의 언약 백성이 되는 것과 마찬가지로 누구든지 예수 그리스도를 믿고 세례를 받으면 구원받은 하나님 나라 거룩한 백성이 된다.[19] 따라서 구약의 이스라엘을 신약적으로 표현하면 바로 교회인 것이다.

---

17) 데렐 보크, 미치 그레이저 편, 『첫째는 유대인에게』, 김진섭 역 (서울: 이스트윈드, 2011), 291. 보크는 "이스라엘에 대한 하나님의 약속들은 … 신약 공동체 안의 유대인들과 이방인들에 대한 구원을 통해 확장되고 성취"되었다고 주장한다.

18) 월키는 "언약 공동체로의 입문을 나타내는 옛 징표인 할례는 새 언약의 새로운 징표인 세례로 대체된다." "세례는 그리스도의 교회로 입문하는데 대한 상징이요 하나님의 언약 백성을 나타내는 새로운 표현이며 죄 씻음의 상징"이라고 말한다. 브루스 K. 월키, 캐시 J. 프레드릭스, 『창세기 주석』, 김경열 역 (서울: 새물결플러스, 2018), 467; 할례와 세례의 관계에 대한 자세한 논의는 메리데스 클라인, 『하나님 나라의 서막』, 김구원 역 (서울: 개혁주의신학사, 2007), 387-93을 참고하라.

19) 클라우니는 "세례를 받음으로 그리스도께 연합한 자는 그 안에서 하나님의 모든 약속의 후사가 된다. 그리스도는 이스라엘에 대한 부르심을 성취하신다. 그에게 연합한 자들은 바로 이 사실에 의하여 하나님의 새로운 이스라엘이 된다."라고 말한다. 에드먼드 클라우니, 『교회』, 황영철 역 (서울: IVP, 1998), 48-49.

예수 그리스도의 교회는 아브라함으로 그 기원을 거슬러 올라갈 수 있는 하나님의 단일한 백성에 대한 현재적 표현이다.[20]

또한 하나님께서는 기독교인들이 이 세상에서 감당해야 할 삶의 목적을 말씀해 주셨다: "이는 너희를 어두운 데서 불러내어 그의 기이한 빛에 들어가게 하신 이의 아름다운 덕을 선포하게 하려 하심이라." 기독교인들은 "죄의 어두움과 그들을 둘러싸고 있는 어둠의 악한 세력들로부터 영생의 광명으로 불러내신 그분을 영화롭게 하며 그분을 찬양하기 위해 구원받은 자들이다."[21] 즉, 기독교인들은 택하신 족속이요, 왕 같은 제사장들이요, 거룩한 나라요, 그의 소유된 백성으로서 죄악 된 이 세상에서 하나님의 영광을 드러내고 예수 그리스도의 십자가와 복음을 전하는 삶을 살아야 한다(사 43:21 참조).

그렇다면 우리가 기독교인으로서 이 사명을 감당하려면 어떻게 해야 하는가? 무엇보다도 우리는 하나님께서 구원받은 목적을 이루는 방법을 알려 주신 출애굽기 19:5-6을 주목할 필요가 있다.

---

20) 레이몬드, "전통적 언약신학 견해", 68-69.
21) 그랜트 오스본 편, 『적용을 도와주는 베드로전/후서, 유다서』, 류호영 역 (서울: 한국성서 유니온선교회, 2008), 95-96.

• 구원받은 성도들의 삶

하나님께서는 하나님의 보배, 제사장 나라, 거룩한 백성이 되게 하시려고 이스라엘 백성들을 택하시고 구원하셨다. 그렇다면 이스라엘이 이 구원의 목적을 이루려면 어떻게 해야 하는가? 하나님께서는 시내 산에서 이스라엘 백성들에게 구원의 목적뿐만 아니라 그것을 이루는 방법까지 알려주셨다.

> **출 19:5-6** [5] 세계가 다 내게 속하였나니 너희가 내 말을 잘 듣고 내 언약을 지키면 너희는 모든 민족 중에서 내 소유가 되겠고 [6] 너희가 내게 대하여 제사장 나라가 되며 거룩한 백성이 되리라 너는 이 말을 이스라엘 자손에게 전할지니라

하나님의 택하신 족속이요, 왕 같은 제사장이요, 거룩한 나라요, 그의 소유된 백성으로서 하나님의 영광을 드러내고 예수 그리스도의 십자가와 복음을 전하는 사명을 잘 감당하기 위해서는 "하나님의 말씀"을 잘 듣고 "하나님의 언약"을 지켜야 한다.

신명기 26:16-19에서도 하나님 여호와의 성민, 즉 하나님의 거룩한 백성이 되기 위해 필요한 것을 두 가지로 제시한다.

> **신 26:16-19** [16] 오늘 네 하나님 여호와께서 이 규례와 법도를 행하라고 네게 명령하시나니 그런즉 너는 마음을 다하고 뜻을 다하여 지켜 행하라 [17] 네가 오늘 여호와를 네 하나님으로 인정하고 또 그 도를 행하고 그의 규례와 명령과 법도를 지키며 그의 소리를 들으라 [18] 여호와께서도 네게 말씀하신 대로 오늘 너를 그의 보배로운 백성이 되게 하시고 그의 모든 명령을 지키라 확언하셨느니라 [19] 그런즉 여호와께서 너를 그 지으신 모든 민족 위에 뛰어나게 하사 찬송과 명예와 영광을 삼으시고 그가 말씀하신 대로 너를 네 하나님 여호와의 성민이 되게 하시리라

하나님 여호와의 성민이 되기 위해서는 첫째, 여호와를 내 하나님으로 인정해야 한다. 둘째, 여호와께서 명하신 "규례와 법도"를 지켜 행해야 한다. 여호와를 나의 하나님으로 인정한다는 것은 여호와께서 나의 왕이시고 내 생명의 주인이심을 받아들이는 것이다. 그런데 여호와를 나의 하나님으로 인정하는 증표가 바로 여호와께서 명하신 "규례와 법도"를 지켜 행하는 것이다. 이 두 가지는 서로 불가분의 관계에 있다. 하나님께서는 거룩한 백성이 되게 하시려고 이스라엘을 택하시고 구원하셨다. 따라서 이스라엘은 여호와를 나의 하나님으로 인정하고 여호와께서 명하신 규례와 법도를 듣고 지켜 행해야 한다.

시편 105:43-45에서도 하나님께서 이스라엘을 애굽 땅에서 이끌어 내신 것은 "그들이 그의 율례를 지키고 그의 율법을 따르게 하려 하심이로다"라고 말씀한다. 하나님께서는 이스라엘 백성들이 하나님의 "율례와 율법"을 따라 살게 하시려고 이스라엘 백성들을 택하시고 구원하셨다. 하나님의 "율례와 율법"을 지켜 행함으로 그들은 이 세상 가운데서 하나님의 보배, 제사장 나라, 거룩한 백성이 되어 하나님을 찬송하며 하나님의 영광을 드러내는 삶을 살아가게 되는 것이다.

그렇다면 이스라엘 백성들이 듣고 지켜야 할 하나님의 "말씀과 언약"(출 19:5), 하나님께서 명하신 "규례와 법도"(신 26:16-19), 하나님의 "율례와 율법"(시 105:45)은 무엇인가? 그것은 시내 산에서 하나님과 이스라엘 백성들 사이에 맺어진 언약을 통해 이스라엘 백성들에게 주어진 "언약서"(출 24:7), 즉 "십계명"(출 20장)과 "율례들"이다(출 21장-23장). 이 "십계명과 율례들"을 지켜 행함으로 이스라엘 백성들은 하나님의 보배가 되고, 제사장 나라 거룩한 백성이 되어 그들을 택하시고 구원하신 하나님의 뜻을 이루어 갈 수 있는 것이다.

> 이 계명들은 이 계명들에 순종하여 구원을 얻도록 하려고 주신 것이 아니라 이미 주
> 께서 우리를 구원하신 것에 근거해서 이미 구원함을 받은 백성들의 삶의 규범으로
> 주신 것이다. 즉, 이는 언약 백성들에게 요구되는 삶의 방식을 제시하신 것이다.[22]

　　십계명과 율례들은 구원받기 위한 조건이 아니라 이미 구원받은 이스라엘 백성들이 하나님 앞에서 어떻게 살아야 하는지를 가르쳐 주신 하나님의 말씀이다. 그래서 우리는 왕 같은 제사장으로서의 사명을 잘 감당하기 위해 십계명과 율례들을 알아야 하고 또 지켜 행하기를 힘써야 한다. 이것이 바로 "우리를 기이한 빛에 들어가게 하신 이의 아름다운 덕을 선전"하는 복음 전파의 삶이다.

> 딛 2:14 그가 우리를 대신하여 자신을 주심은 모든 불법에서 우리를 속량
> 하시고 우리를 깨끗하게 하사 선한 일을 열심히 하는 자기 백성이 되게 하려
> 하심이라

---

22) 이승구, 『하이델베르크 요리문답 강해시리즈 3: 위로받은 성도의 삶』 (서울: 나눔과 섬김,
　　2015), 62.

온 율법과 선지자의 강령인 십계명

·
·

십계명은 모든 약속 중에 약속, 모든 신앙의 원천이며, 그리스도의 복음의 약속을 포괄하는 지혜의 원천이다.[23]

십계명은 기독교인은 물론 교회에 다니지 않는 사람들도 잘 알고 있는 하나님의 말씀(출 20장)이다. 교회 주일학교에서 한글을 막 깨친 유치부 어린이들도 이 십계명은 곧잘 암송한다. 그래서 우리는 기독교인이라면 당연히 십계명을 잘 알고 있을 것이라고 생각한다. 그러나 라이켄은 "교회는 십계명을 어떻게 지켜야 하는지 아는 것은 고사하고 열 가지 계명조차 제대로 알지 못하는 예배자들로 가득하다."라고 한탄하였다.[24]

십계명의 이해를 위해 본 장에서는 먼저 십계명은 무엇이고 우리가 십계명을 왜 주목해야 하는가를 살펴보고자 한다.

---

23) Johannes Meyer, *Historischer Kommentar zu Luthers Kleinem Katechismus* (Gütersloh: Bertelsmann, 1929), 163 이하. 프랑크 크뤼제만, 『자유의 보존, 사회사적 관점에서 본 십계명의 주제』, 이지영 역 (서울: 크리스천 헤럴드, 1999), 17에서 재인용.

24) 필립 그레이엄 라이큰, 『돌판에 새긴 말씀: 십계명과 오늘날의 도덕적 위기』, 안영미 역 (서울: 개혁주의신학사, 2015), 23.

⋮ 성경에서 본 십계명

❚ 예수님과 십계명

가장 큰 계명

> **막 12:28-31** [28] 서기관 중 한 사람이 그들이 변론하는 것을 듣고 예수께서 잘
> 대답하신 줄을 알고 나아와 묻되 모든 계명 중에 첫째가 무엇이니이까 [29] 예수
> 께서 대답하시되 첫째는 이것이니 이스라엘아 들으라 주 곧 우리 하나님은 유
> 일한 주시라 [30] 네 마음을 다하고 목숨을 다하고 뜻을 다하고 힘을 다하여 주
> 너의 하나님을 사랑하라 하신 것이요 [31] 둘째는 이것이니 네 이웃을 네 자신과
> 같이 사랑하라 하신 것이라 이보다 더 큰 계명이 없느니라

마가복음을 보면 서기관 중 한 사람이 예수님께 나아와 "모든 계명 중에
첫째가 무엇이니이까"라고 질문하였다. 서기관은 성경의 사본을 필사하
는 것은 물론 율법을 연구하고 해석하는 학자이다.[25] 그는 예수님께 성경
의 모든 계명 중에 첫째가 되는 계명, 즉 성경에서 가장 중요하고 핵심적
인 계명이 무엇인가를 물었다. 예수님께서는 다음과 같이 답변하셨다.

> "첫째는 … 주 너의 하나님을 사랑하라 하신 것이요, 둘째는 … 네 이웃을 네 자신과
> 같이 사랑하라 하신 것이라 이보다 더 큰 계명이 없느니라"

"하나님 사랑과 이웃 사랑", 이것은 우리가 잘 알고 있는 것과 같이 십계
명의 요약이다. 십계명은 내용상 크게 두 부분으로 구분된다. 제1계명부터
제4계명까지는 하나님께 대한 의무를 규정하고, 제5계명부터 제10계명까
지는 이웃에 대한 의무를 규정한다. 예수님께서는 "하나님 사랑, 이웃 사
랑"으로 요약되는 십계명이 모든 계명 중에서 가장 큰 계명, 즉 성경에서

---

25) R. T. 프랜스, 『마태복음』, 권대용, 황의무 역 (서울: 부흥과개혁사, 2019), 976.

가장 중요하고 핵심적인 계명이라고 말씀하셨다.

온 율법과 선지자의 강령

> **마 22:34-40** [34]예수께서 사두개인들로 대답할 수 없게 하셨다 함을 바리새인들이 듣고 모였는데 [35]그 중의 한 율법사가 예수를 시험하여 묻되 [36]선생님 율법 중에서 어느 계명이 크니이까 [37]예수께서 이르시되 네 마음을 다하고 목숨을 다하고 뜻을 다하여 주 너의 하나님을 사랑하라 하셨으니 [38]이것이 크고 첫째 되는 계명이요 [39]둘째도 그와 같으니 네 이웃을 네 자신 같이 사랑하라 하셨으니 [40]이 두 계명이 온 율법과 선지자의 강령이니라

마태복음에서는 바리새인 중에 한 율법사가 예수님께 "율법 중에서 어느 계명이 크니이까"라고 질문하였다. 율법사는 바리새파에 속한 성경학자로 "랍비"라고도 한다. 그는 부활이 없다 하는 사두개인들이 죽은 자의 부활을 가르치시는 예수님께 아무 반론도 제기하지 못했다는 말을 듣고(마 22:22-34) 예수님을 시험하기 위해 율법 중에 가장 크고 중요한 계명이 무엇인가를 물었다.[26] 예수님께서는 다음과 같이 답변하셨다.

> "주 너의 하나님을 사랑하라 … 이것이 크고 첫째 되는 계명이요 둘째도 그와 같으니 네 이웃을 네 자신 같이 사랑하라 … 이 두 계명이 온 율법과 선지자의 강령이니라"

예수님께서는 율법 중에서 가장 큰 계명은 하나님을 사랑하고 이웃을 사랑하는 것이며, 이 두 계명이 "온 율법과 선지자의 강령"[27]이라고 말씀

---

26) 프랑스, 『마태복음』, 976.

27) 헤그너는, 이 말은 곧 "율법의 계명들과 선지자의 가르침이 이 두 개의 사랑 계명과 별도로 완성될 수 없다는 것을 의미한다."라고 말한다. 도날드 헤그너, 『WBC 33하: 마태복음 14-28』, 채천석 역 (서울: 솔로몬, 2000), 1007.

하셨다. "율법과 선지자"는 구약성경을 지칭하는 용어다.[28] "강령이니라"(κρέμαται, 크레마타이)라는 말은 "~에 의존하다, 매달리다"라는 뜻이다. 따라서 "온 율법과 선지자의 강령"이란 말은 "모든 율법과 선지자가 이 두 계명에 의존하느니라"라는 뜻이다.

> 예수님께서 선택하신 두 본문은 모든 구약성경의 무게를 지탱할 만큼 강하다.[29]

유대교 전통에 따르면 모세오경에는 모두 613개의 계명이 있다고 한다.[30] 이 613개의 계명은 십계명으로 요약될 수 있고 십계명은 다시 두 개의 계명, 즉 하나님을 사랑하고 이웃을 사랑하는 것으로 요약된다. 우리는 십계명이 성경에서 가장 큰 계명이며 "온 율법과 선지자의 강령"이라는 예수님의 말씀을 결코 가볍게 여겨서는 안 될 것이다.

▎사도들과 십계명

예수님뿐만 아니라 초대 교회의 지도자들도 십계명을 율법의 핵심으로 보았다.

사도 바울은 로마서에서 다음과 같이 말하였다.

---

28) 마 5:17; 7:12; 11:13; 22:40; 눅 24:44; 요 1:45; 행 24:14; 28:23; 롬 3:21.

29) 프랜스, 『마태복음』, 979.

30) 토라(모세오경) 안에 613개의 계명이 있다고 처음으로 언급한 사람은 AD 3세기 경 유대인 랍비 심라이(Simlai)이다. 그는 토라에 있는 모든 계명을 "하라"는 명령(248개)과 "하지 말라"라는 명령(365개)로 분류하였다. 이에 대해서는 E. P. 샌더스, 『바울과 팔레스타인 유대교』, 박규태 역 (서울: 알맹e, 2018), 198-99를 참고하라.

롬 13:8-10 [8]피차 사랑의 빚 외에는 아무에게든지 아무 빚도 지지 말라 남을 사랑하는 자는 율법을 다 이루었느니라 [9]간음하지 말라, 살인하지 말라, 도둑 질하지 말라, 탐내지 말라 한 것과 그 외에 다른 계명이 있을지라도 네 이웃을 네 자신과 같이 사랑하라 하신 그 말씀 가운데 다 들었느니라 [10]사랑은 이웃 에게 악을 행하지 아니하나니 그러므로 사랑은 율법의 완성이니라

바울은 "간음하지 말라, 살인하지 말라, 도둑질하지 말라, 탐내지 말라" 를 포함한 모든 계명이 "네 이웃을 네 몸과 같이 사랑하라"라고 하신 그 말 씀 가운데 다 들어 있으며 "사랑은 율법의 완성"[31]이라고 한다. 갈라디아 서 5:14에서도 바울은 "네 이웃 사랑하기를 네 자신과 같이 하라"라는 계 명에서 온 율법이 이루어졌다고 말한다.[32] 또 바울은 디모데전서 1장에서 십계명에 대해 다음과 같이 언급하였다.

딤전 1:8-11 [8]그러나 율법은 사람이 그것을 적법하게만 쓰면 선한 것임을 우 리는 아노라 [9]알 것은 이것이니 율법은 옳은 사람을 위하여 세운 것이 아니요 오직 불법한 자와 복종하지 아니하는 자와 경건하지 아니한 자와 죄인과 거룩 하지 아니한 자와 망령된 자와 아버지를 죽이는 자와 어머니를 죽이는 자와 살인하는 자며 [10]음행하는 자와 남색하는 자와 인신매매를 하는 자와 거짓말 하는 자와 거짓맹세하는 자와 기타 바른 교훈을 거스르는 자를 위함이니 [11]이 교훈은 내게 맡기신 바 복되신 하나님의 영광의 복음을 따름이니라

바울은 사람이 율법을 적법하게만 사용하면 선한 것이라고 하면서, 율 법은 특히 죄인들, 즉 "아버지를 죽이는 자와 어머니를 죽이는 자"(제5계명

---

31) 칼빈은 이 말의 의미는 "(율법이 추구하는) 거룩하고 의로운 삶은 하나님을 섬기고 사람들을 사랑하는 것으로 요약될 수 있다."라고 말한다. 요한 칼빈, 『칼빈주석 17: 공관복음』, 박문재 역 (고양: 크리스챤 다이제스트, 2011), 965.
32) 헤그너, 『WBC 33하: 마태복음 14-28』, 1006.

위반), "살인하는 자"(제6계명 위반), "음행하는 자와 남색하는 자"(제7계명 위반), "인신매매하는 자"(제8계명 위반), "거짓말하는 자와 거짓 맹세하는 자와 기타 바른 교훈을 거스르는 자"(제9계명 위반)를 위한 것이라고 한다. 바울은 십계명을 하나님의 백성들을 위한 삶의 교훈으로 제시한다.[33] 즉, 십계명은 우리가 죄인인 것을 깨닫게 하고 구원받은 하나님 나라, 거룩한 백성으로서 어떻게 살 것인가를 알려 주는 삶의 지침서와 같은 것이다.

야고보 사도도 십계명에 대해 다음과 같이 말하였다.

> **약 2:8-11** [8]너희가 만일 성경에 기록된 대로 네 이웃 사랑하기를 네 몸과 같이 하라 하신 최고의 법을 지키면 잘하는 것이거니와 [9]만일 너희가 사람을 차별하여 대하면 죄를 짓는 것이니 율법이 너희를 범법자로 정죄하리라 [10]누구든지 온 율법을 지키다가 그 하나를 범하면 모두 범한 자가 되나니 [11]간음하지 말라 하신 이가 또한 살인하지 말라 하셨은즉 네가 비록 간음하지 아니하여도 살인하면 율법을 범한 자가 되느니라

야고보 사도는 십계명의 둘째 부분인 이웃 사랑(네 이웃 사랑하기를 네 몸과 같이 하라)을 "최고의 법"이라고 한다. 또 야고보는 누구든지 온 율법을 지키다가 그중 한 계명이라도 범하면 모두를 범한 것과 같다고 강조한다. 그만큼 십계명의 각 계명이 모든 율법을 함축하는 중요한 의미가 있다는 것이다.

이상과 같이 바울과 야고보는 모두 십계명을 "율법의 완성", 또는 "최고의 법"으로 보았으며, 특별히 "네 이웃을 네 몸과 같이 사랑하라"라는 말씀으로 십계명을 대표하고 있는 것을 알 수 있다.[34]

---

33) 캐빈 드영, 『마음에 새겨야 할 하나님의 명령: 십계명』, 조계광 역 (서울: 생명의말씀사, 2019), 21.
34) 헤그너는 "네 이웃을 사랑하라"라는 계명은 신약 교회의 윤리적 가르침의 근본적인

: 교회사에서 본 십계명

사도들뿐만 아니라 교회사에서도 십계명은 사도신경, 주기도문과 함께 기독교 교리의 핵심 주제였다.[35] "교회는 역사적으로 십계명을 말씀 사역의 중심으로 삼아 특히 어린 아이와 새 신자들에게 가르쳤다."[36]

루터는 종교개혁이 일어난 다음 해인 1518년, 신자들을 복음으로 바르게 교육하기 위해 『하나님의 십계명을 지키는 일과 범하는 일에 대한 간략한 해설』을 썼고, 1520년에 『십계명과 사도신경과 주기도에 대한 간략한 해설』을 출판하였다. 그리고 1529년에는 『대요리문답』과 『일반 목사와 설교자를 위한 소요리문답』을 출판하였다.[37] 일반적으로 대요리문답은 목사와 설교자를 위한 교재로, 소요리문답은 평신도를 위한 교재로 알려져 있다. 그런데 루터가 소요리문답에 "목사와 설교자를 위한"이라는 말을 붙인 것은 "목사와 설교자들이 기독교 교리에 너무 무지했기 때문이며 또한 이를 평신도 교리교육을 위해 사용하도록 격려하기 위한 것"[38]이었다.

루터는 『대요리문답』과 『일반 목사와 설교자를 위한 소요리문답』에서 제일 먼저 십계명을 다룬다. 이경직은 "루터가 사도신경을 십계명 뒤에 배

토대였다고 말한다. 헤그너, 『WBC 33하: 마태복음 14-28』, 1006; 프랜스, 『마태복음』, 978.

35) 사도신경, 십계명, 주기도문은 기독교 신자가 반드시 알아야 할 세 가지 중요한 내용을 담고 있다. 사도신경은 "우리가 무엇을 믿는가?"라는 믿음의 문제를 다룬다. 십계명은 "그것을 믿는 우리가 어떻게 살 것인가?"라는 삶의 문제를 다룬다. 주기도문은 "그렇게 믿고 그렇게 사는 우리가 어떻게 기도할 것인가?"라는 기도의 문제를 다룬다.

36) 드영, 『마음에 새겨야 할 하나님의 명령: 십계명』, 17.

37) 김영재 편, 『기독교신앙고백』 (수원: 도서출판 영음사, 2011), 105-06.

38) 김영재 편, 『기독교신앙고백』, 106.

치함으로써 율법을 제시한 후에 신앙을 논의하는 방식을 취하는 것은 율법과 복음을 대립시키며, 복음이 율법을 극복한다고 여기는 루터의 생각을 반영한다."라고 지적한다.[39] 그러나 율법보다 복음을 더 중요시하는 루터도 십계명을 "기독교 신앙의 원천"이라고 한다. 그는 『십계명에 대한 주해서』(1530년)의 서언에서 다음과 같이 말하였다.

> 십계명은 모든 약속 중에 약속, 모든 신앙의 원천이며, 그리스도의 복음의 약속을 포괄하는 지혜의 원천이다.[40]

루터는 또한 『대요리문답』 서문에서 십계명에 대해 다음과 같이 말하였다.

> 십계명을 완벽하게 아는 자는 누구나 모든 일과 경우에 있어서, 영적 문제이든 현세적인 문제이든 그 모두에 대하여 충고하고, 도와주고, 위로하고, 판단하고, 결정하기 위해, 또한 모든 교리와 생활과 정신과 법, 그리고 이 세상에 있는 모든 것들을 심판할 자격을 갖추기 위해 성경 전체를 잘 알아야 할 필요가 있다.[41]

루터는 십계명을 완벽하게 이해하기 위해서는 신·구약 성경을 모두 잘 알아야 할 필요가 있다고 강조한다. 십계명은 신·구약 성경의 모든 내용을 포괄하는 중요한 의미가 있기 때문이다.

칼빈은 십계명을 "모든 의의 가장 완전한 규칙"이며 "하나님의 백성들

---

39) 이경직, "하이델베르크 요리문답 해설에 나타난 십계명 이해", 「한국개혁신학」 제40권 (2013): 315.

40) Johannes Meyer, *Historischer Kommentar zu Luthers Kleinem Katechismus* (Gütersloh: Bertelsmann, 1929), 163 이하. 프랑크 크뤼제만, 『자유의 보존, 사회사적 관점에서 본 십계명의 주제』, 이지영 역 (서울: 크리스천 헤럴드, 1999), 17에서 재인용.

41) Martin Luther, *Luther's Large Catechism*, trans. J. N. Lenker (Minneapolis: Augsburg Publishing Company, 1967).

의 거룩한 삶을 위한 규범"이라고 강조한다.[42] 칼빈도 처음에는 루터와 같이 십계명을 사도신경이나 주기도문보다 앞에서 다루었으나 1545년 『제네바 교리문답』에서는 사도신경, 십계명, 주기도문의 순서로 다루었다. 칼빈이 십계명을 사도신경 뒤에 배치한 것은 율법을 중생자의 삶의 규범으로 보았기 때문이다.[43]

루터나 칼빈뿐만 아니라 기독교의 주요 신앙고백서들 역시 십계명을 비중있게 다루었다.

『하이델베르크 요리문답』(1563년)은 129개의 문답 가운데 26개 문답(제3문-제4문, 제92문-제115문)에서 십계명을 다룬다. 『하이델베르크 요리문답』은 세 부분으로 나뉘어 있다. 제1부(제3문-제11문)는 "인간의 비참에 관하여" 간략하게 문답하고, 제2부(제12문-제85문)는 "인간의 구원에 관하여"라는 제목 아래 사도신경, 세례와 성찬 등 기독교의 교리를 가르친다. 제3부(제86문-제129문)는 "감사에 관하여"라는 제목 아래 기독교인이 어떻게 생활해야 할 것인가를 가르친다. 제3부는 감사의 생활에 관한 서론(제86문-제91문), 십계명(제92문-제115문), 주기도문(제116문-129문)에 관하여 문답으로 가르친다. 『하이델베르크 요리문답』은 루터와 달리 제2부에 먼저 사도신경을 다루고 그다음에 십계명을 다룬다.[44] 김영재는 구원받은 성도들이 왕같은 제사장

---

42) I. John Hesselink, *Calvin's First Catechism: a commentary : featuring Ford Lewis Battles' translation of the 1538 Catechism* (Louisville, Ky. : Westminster John Knox Press, 1997), 11.

43) 김지찬은 칼빈이 예배 중에 십계명 노래를 사도신경 이후에 배치한 것은 "율법을 중생자의 삶의 규범"으로 보았기 때문이라고 한다. 김지찬, 『데칼로그: 십계명, 어떻게 이해할 것인가?』 (서울: 생명의말씀사, 2016), 20, fn. 10. 제네바 교리문답도 같은 이유에서 사도신경 뒤에 십계명을 배치한 것으로 볼 수 있다.

44) 『하이델베르크 요리문답』은 십계명을 그리스도의 구원의 은혜를 믿음으로 받아들이고 고백하는 사도신경 뒤에 배치함으로써 그리스도인이 그리스도의 은혜에 감사해서

으로서 마땅히 지켜야 할 순종의 규범인 십계명을 구원 교리 뒤에 배열한 것은 큰 의미가 있다고 말한다.[45)]

『웨스트민스터 대요리문답』(1648)에서는 196개의 문답 가운데 58개 문답(제91문-제148문)이, 『웨스트민스터 소요리문답』은 107개의 문답 가운데 42개 문답(제39문-제81문)이 십계명을 다룬다.[46)] 특별히 『웨스트민스터 소요리문답』 제3문답은 다음과 같다.

> 제3문 : 성경이 주로 가르치는 것은 무엇인가?
>   답   : 성경은 사람이 하나님에 대하여 믿어야 할 것과 하나님께서 사람에게
>   요구하시는 의무가 무엇인가를 주로 가르친다.

"하나님에 대하여 우리가 믿어야 할 것"은 "신학"에서 주로 다루는 주제이며, 이를 체계적으로 정리한 것이 곧 "교리"이다. "하나님께서 사람에게 요구하시는 의무"는 "윤리"에서 주로 다루는 주제이며, 이는 우리가 구원받은 성도로서 어떻게 살 것인가에 대한 문제이다. 그런데 『웨스트민스터 소요리문답』은 이 문제를 주로 십계명으로 설명한다(제39문-제81문). 이는 십계명이 구약 율법의 한 부분이 아니라 구원받은 성도들이 어떻게 살아야 하는가를 함축하고 있는 성경의 핵심임을 의미한다.

예수님께서는 십계명이 성경에서 가장 큰 계명이며 온 율법과 선지자의 강령이라고 말씀하셨다. 바울과 야고보 사도도 십계명을 율법의 핵심, 또

그리스도를 주님으로 기쁘게 섬기는데 율법이 사용됨을 강조한다. 이경직, "하이델베르크 요리문답 해설에 나타난 십계명 이해", 314.

45) 김영재 편, 『기독교신앙고백』, 168-69.

46) 김영재 편, 『기독교신앙고백』을 참고하라.

는 최고의 법이라고 말하였다. 교회사에서도 십계명을 기독교인들에게 거룩한 삶의 원칙을 가르치는 성경의 핵심으로 매우 중요하게 여겨왔다. 십계명은 구원받은 성도들이 하나님 앞에서 어떻게 살 것인가를 가르치는 하나님의 말씀이다. 따라서 기독교인이라면 당연히 십계명을 잘 알아야 한다.

제2부

십계명 해석의 원리

주 여호와께서
학자들의 혀를 내게 주사
나로 곤고한 자를 말로
어떻게 도와 줄 줄을 알게 하시고
아침마다 깨우치시되 나의 귀를 깨우치사
학자들 같이 알아듣게 하시도다
(사 50:4)

십계명 해석의 원리

시내 산 언약의 핵심인 언약서

출애굽기 24장은 하나님께서 시내 산에서 이스라엘 백성들과 언약을 체결하시는 장면을 묘사한다. 모세가 산 위에 계신 하나님께 가까이 나아가 하나님의 말씀을 듣고 산 아래 있는 백성들에게 그 말씀을 전하였다. 이때 모세와 백성들 사이에 오고 간 대화를 정리하면 다음과 같다.

3절 모세가 와서 "여호와의 모든 말씀과 그의 모든 율례"를 백성들에게 전하였다.

3절 백성들은 "여호와께서 말씀하신 모든 것"을 준행하겠다고 응답하였다.

4절 모세가 "여호와의 모든 말씀"을 기록하였다.

7절 언약 체결 의식을 진행하면서 모세가 "언약서"를 가져다가 백성들 앞에서 낭독하였다.

7절 백성들은 "여호와의 모든 말씀"을 우리가 준행하겠다고 서약하였다.

8절 모세는 백성들에게 피를 뿌리며 이는 여호와께서 "이 모든 말씀"에 대하여 너희와 세우신 언약의 피라고 하였다.

하나님께서 시내 산에서 이스라엘 백성들과 언약을 맺으실 때, 이스라엘 백성들에게 주신 "여호와의 모든 말씀", 곧 "여호와의 모든 말씀과 그의 모든 율례"를 기록한 책이 바로 "언약서"이다.

┃ 언약서

"언약서"는 출애굽기 24장에서 하나님과 이스라엘 백성들이 언약을 맺을 때 모세가 이스라엘 백성들 앞에서 기록하고 낭독한 책이다. 이스라엘 백성들은 하나님 앞에서 왕 같은 제사장으로서의 사명을 감당하기 위해 언약서에 기록된 "여호와의 모든 말씀"을 준행하겠다고 서약하였다. 이스라엘 백성들이 지켜 행해야 할 "여호와의 모든 말씀"은 무엇인가?

"여호와의 모든 말씀"이 기록된 언약서의 구성과 내용에 대해 학자마다 의견이 분분하다. 더햄은 언약서가 출애굽기 20:22-23:33이라고 주장한다.[47] 기스펜도 언약서를 출애굽기 20:22-23:33이라고 한다. 그는 출애굽기 21:1과 출애굽기 24:3에 근거하여 언약서를 "말씀"과 "율례"로 구분한다.[48] 김이곤도 이와 유사한 입장에서 언약서는 결의론적 양식을 취하고 있는 법규(율례들, 출 21:1-22:16)와 단언적 양식을 취하고 있는 말씀(출 20:22-26; 22:17-23:16)의 결합이라고 주장한다.[49] 마르틴 노트는 출애굽기 20:22-23:19을 언약서로 본다. 그는 과거의 어느 때에 다양한 판례들이 수집되어 하나의 독립적인 법률서가 되었고 이 법률서가 이미 완결된 하나의 통

---

47) 존 더햄, 『출애굽기 WBC 주석』, 손석태, 채천석 역 (서울: 솔로몬, 2001), 501.

48) 기스펜은 "말씀"은 출애굽기 20:22-26과 23:13-33, "율례"는 그 사이에 있는 출애굽기 21:1-23:12이라고 주장한다. W. H. 기스펜, 『반즈 성경주석 출애굽기』, 최종태 역 (서울: 크리스챤 서적, 1991), 23-25.

49) 김이곤, 『출애굽기의 신학』 (서울: 한국신학연구소, 1989), 240.

일체로 오경 안에 삽입되었는데 그것이 바로 언약서라고 주장한다.[50] 포러는 출애굽기의 문맥을 보면 언약서는 출애굽기 20:22-23:19을 가리키지만, 십계명이 하나님과 이스라엘이 맺은 언약의 근거이기 때문에 실제로 언약서는 십계명을 가리킨다고 주장한다.[51] 바이얼린도 출애굽기 24:7의 언약서는 무엇보다도 십계명을 가리키는 것이라고 한다. 그는 십계명을 지칭하는 "언약서"(the book of covenant)와 출애굽기 20장-23장 전체를 가리키는 "모든 언약서"(the Whole Book of Covenant)를 구별한다.[52] 카수토는 언약서가 단순히 십계명과 출애굽기 20:22-23:33분만 아니라 출애굽기 19:5-6에 있는 "언약의 본질"도 포함한다고 주장한다.[53]

오늘날까지 언약서의 범위나 유래, 편찬 연대, 의도 등에 대해 공인된 견해는 없다.[54] 학자들은 각기 다른 방법으로 언약서의 범위와 내용 등을 규정한다.

출애굽기의 문맥에서 본 언약서

학자들의 다양한 견해와는 달리 출애굽기의 문맥은 언약서가 무엇인지를 분명하게 밝히고 있다. 언약서(סֵפֶר הַבְּרִית, 세페르 하베리트)는 모세가 이스라엘 백성들에게 전한 "여호와의 모든 말씀들과 그 모든 율례들"(מִּשְׁפָּטִים

---

50) 마르틴 노트, 『국제성서주석: 출애굽기』, 한국신학연구소 역 (서울: 한국신학연구소, 1981), 207.

51) G. Folrer, *Introduction to the Old Testament* (London: S.P.C.K., 1970), 133.

52) Water Beyerlin, *Origins and History of the Oldest Sinaitic Traditions*, trans. S. Rudman (Oxpord: Basil Blackwell, 1965), 4. 바이얼린은 출애굽기 21장-23장은 사사기 시대의 산물로 간주한다. 이에 대한 자세한 논의는 바이얼린의 책 82-90을 참고하라.

53) Umberto Cassuto, *A Commentary on the Book of Exodus*, trans. Israel Abraham (Jerusalem: Magnes Press, 1967), 312.

54) 옷토 카이저, 『구약성서개론』, 이경숙 역 (왜관: 분도출판사, 1995), 73.

אֵת כָּל־דִּבְרֵי יְהוָה וְאֵת כָּל, 에트 콜-디브레 아도나이 베에트 콜-하미쉬파팀)을 기록한 책이다(출 24:1-8).

출애굽기의 문맥에서 볼 때 언약서의 첫 번째 부분인 "여호와의 모든 말씀들"은 바로 "십계명"을 지칭하는 말이다. 하나님께서 이스라엘 백성들에게 십계명을 주실 때 다음과 같이 말씀하셨다.

> **출 20:1** 하나님이 이 모든 말씀(כָּל־הַדְּבָרִים, 콜-하데바림)으로 말씀하여 이르시되

"여호와의 모든 말씀들"(כָּל־דִּבְרֵי יְהוָה, 콜-디브레 아도나이)이란 바로 출애굽기 20:1에서 하나님이 말씀하신 "이 모든 말씀들"(כָּל־הַדְּבָרִים הָאֵלֶּה, 콜-하 데바림 하엘레), 즉 십계명을 가리킨다.

언약서의 두 번째 부분인 "그 모든 율례들"은 출애굽기 21:1의 "율례들"(הַמִּשְׁפָּטִים, 하미쉬파팀, "그 율례들")을 지칭하는 말이다.[55] 출애굽기 21:1에서 하나님께서는 모세에게 다음과 같이 말씀하셨다.

> **출 21:1** 네가 백성 앞에 세울 법규(הַמִּשְׁפָּטִים)[56]는 이러하니라

하나님께서 모세를 통해 일러주신 "그 율례들"(הַמִּשְׁפָּטִים, 출 21장-23장)이 바로 언약서에 기록된 "그 모든 율례들"(כָּל־הַמִּשְׁפָּטִים, 콜-하미쉬파팀)이다.

---

55) 브루크너, 『출애굽기』, 274.
56) 개역개정은 הַמִּשְׁפָּטִים(미쉬파팀, "율례들")을 출애굽기 21:1에서는 "법규"로, 출애굽기 24:3에서는 "율례"로 번역하였다. 이하 본서에서는 הַמִּשְׁפָּטִים이 출애굽기 21장-23장을 가리키는 경우 "미쉬파팀"으로 표기하였다.

정리하면 "여호와의 모든 말씀들"(כָּל־דִּבְרֵי יְהוָה)은 출애굽기 20:2-17의 "십계명"(כָּל־הַדְּבָרִים)을, "모든 율례들"(כָּל־הַמִּשְׁפָּטִים)은 출애굽기 21:2-23:33의 미쉬파팀(הַמִּשְׁפָּטִים)을 가리킨다. 이 둘을 총칭하여 출애굽기 24:3은 "여호와께서 명하신 모든 말씀들"(כָּל־דִּבְרֵי יְהוָה)이라고 하였고, 모세가 이 "여호와의 모든 말씀들"(כָּל־דִּבְרֵי יְהוָה)을 책으로 기록하였다(출 24:4). 출애굽기 24:7은 이 책을 "언약서"(סֵפֶר הַבְּרִית)라고 칭한다. 출애굽기의 문맥에서 언약서는 시내 산에서 출애굽 한 이스라엘 백성들에게 주신 "여호와의 모든 말씀", 즉 "십계명(출 21장)과 미쉬파팀"(출 20장-23장)을 기록한 책이다.[57]

그렇다면 십계명과 미쉬파팀과의 관계는 무엇인가? 키친이 지적한 것처럼 고대 근동의 조약문서는 주 규정(Primary Stipulations)과 부 규정(Second Stipulations)이 있다. 부 규정은 어떻게 주 규정을 이행할 수 있는가를 상세하게 제시한다.[58] 십계명은 "하나님이 이 모든 말씀으로 말씀하여 이르시되"(출 20:1)라는 말로 소개된다. 출애굽기 21:1에서 "미쉬파팀"은 "네가 백성 앞에 세울 법규(율례)는 이러하니라"로 소개된다. 이것은 언약서를 두

---

57) 레온 우드는 언약서는 출애굽기 20:22-24:4이라고 말하면서도 출애굽기 24장에서 모세가 낭독한 언약서는 십계명과 미쉬파팀을 포함한 20장-23장 전체를 낭독한 것으로 이해한다. 레온 우드, 『이스라엘의 역사』, 김의원 역 (서울: 기독교문서선교회, 1985), 158-59; 포이트레스는 "아마도" 언약서, 또는 언약의 책(출 24:7)은 출애굽기 20-23을 가리키는 것으로 보인다고 말한다. 번 S. 포이트레스, 『하나님 중심의 성경 해석학』, 최승락 역 (고양: 이레서원, 2018), 61; 월트키는 시내산 언약은 "이스라엘의 열 가지 근본 가르침(십계명, 출 20장)과 언약의 책(출 20:22-23:19)으로 구성되어 있다."라고 말한다. 브루스 월트키, 『구약신학』, 김귀탁 역 (서울: 부흥과개혁사, 2012), 177; 월트키는 십계명과 율례들에 대해 다음과 같이 말한다. "하나님은 절대적인 권위를 갖고 십계명을 절대 필수적인 계명으로 말씀하신다. 반면에 판례와 법규 형태로 '판결들'을 담고 있는 언약의 책은 일반 원리인 십계명을 구체적인 삶의 상황 속에 적용시키는 것이다. 어떤 법전도 불가피하게 일어나는 사람들 간의 모든 분쟁을 해결할 조항을 철저히 망라할 수는 없다. 법은 잠재적으로 본보기로서의 가치를 가진 사례를 선별해 담아놓은 것이다." 월트키, 『구약신학』, 184.

58) Kenneth A. Kitchen, "The Patriarchal Age: Myth or History? Comparing Biblical Details With Historical Facts," *Biblical Archeology Review* 21. no. 2 (March/April 1995): 55.

부분으로 정돈하려는 계획적인 합성으로 보인다. 조약문서에 비추어 볼 때 주 규정과 같은 십계명은 헌법적 조항이며 부 규정과 같은 미쉬파팀은 법률적 조항이라고 할 수 있다.[59]

언약서의 구조와 내용[60]

언약서는 이스라엘이 하나님의 부르심에 합당한 제사장 나라, 거룩한 백성이 되기 위해 필요한 하나님의 계시를 기록한 책이다. 흔히 미쉬파팀은 다양한 판례의 모음이라고 알려져 있으나 미쉬파팀 역시 하나님께서 십계명과 더불어 이스라엘 백성들에게 주신 계시의 말씀이다.

십계명은 하나님과 이웃에 대한 기본적인 언약 백성의 삶을 제시한다. 십계명은 언약 관계의 본질적 규정들에 대한 포괄적인 요약으로, 그다음에 이어지는 미쉬파팀의 성격과 범위를 결정하는 중요한 역할을 한다.[61] 미쉬파팀은 십계명에 기초하여 상세한 범죄 유형과 그것에 상응한 형벌들을 예시한다.[62] 십계명과 미쉬파팀에서 서로 관련된 구절들은 정리하면 다음과 같다.

---

59) 김의원은 출애굽기 19장-24장을 조약의 모형에 적용해 볼 때 출애굽기 19장은 언약의 내용을 위한 준비이고, 출애굽기 20:2은 서문으로 군주국의 왕이 자신의 신분을 밝히는 것이며, 출애굽기 20:3-17의 십계명은 구체적 약정사항에 속하고, 출애굽기 21장-23장은 약정사항을 상세히 설명하고 적용하는 부분이라고 말한다. 김의원, 『구약신학』 (서울: 총신대학신학대학원, 1996년 가을학기), 129.

60) 이에 대해서는 권오윤, "출애굽기 20장-23장: 하나님의 계시로서의 언약서" (신학석사 논문, 아세아연합신학대학교, 1998), 56-57을 참고하라.

61) 크리스토퍼 라이트, 『현대인을 위한 구약윤리』, 정옥배 역 (서울: IVP, 1989), 182.

62) 정규남, 『구약신학의 맥』 (서울: 도서출판 두란노, 1996), 119.

순서	규 정	십계명		미쉬파팀(출 21장-23장)
		출애굽기	신명기	
1	하나님 경배	20:3	5:7	20:20; 23:13; 23:24-26
2	우상숭배	20:4-6	5:8-10	20:22-26; 23:24-25
3	신성모독	20:7	5:11	22:28; 23:20-21
4	안식일	20:8-11	5:12-15	21:2-11, 20, 26-27; 23:10-12
5	부모공경	20:12	5:16	21:15-17
6	살 인	20:13	5:17	21:12-17; 21:22-25; 21:26-27; 21:28-32; 22:2-3
7	간 음	20:14	5:18	21:3-11; 22:16-17; 22:19
8	도둑질	20:15	5:19	21:16; 22:1-6; 22:7-9
9	거짓 증거	20:16	5:20	23:1-9,
10	탐 심	20:17	5:21	22:25-27; 22:29-30; 23:6-9; 23:10-11

십계명에 대한 미쉬파팀의 설명은 십계명의 여러 계명과 중복될 수 있다. 따라서 보는 관점에 따라 십계명의 각 계명과 관련된 미쉬파팀의 설명은 얼마든지 폭넓게 논의될 수 있다. 그러나 분명한 것은 십계명은 미쉬파팀에서 주석적으로 해석되고 폭넓게 반복되고 있다는 사실이다.[63] 미쉬파팀의 모든 내용은 십계명에 대한 실제적인 적용이라고 볼 수 있다.

십계명을 바르게 이해하기 위해서는 우리가 가지고 있는 일반적인 사고와 논리를 투영시키지 말고, 십계명이 주어진 당시 이스라엘 사람들이 이 계명을 어떻게 이해하고 받아들였는가를 주목해야 한다. 이를 위한 가장 좋은 방법은 바로 십계명의 주석이라고 볼 수 있는 미쉬파팀이 십계명의 각 조항을 어떻게 해석하고 적용하고 있는가를 살펴보는 것이다. 미쉬파팀을 통해 십계명의 참된 의미에 대한 바른 이해가 가능하다.

---

63) 노희원, 『최근의 십계명 연구』, (서울: 은성, 1995), 189.

이러한 입장에서 본서는 십계명의 순서에 따라 첫째, "십계명 각 계명"(출 20장)의 의미를 파악하고 둘째, "미쉬파팀(출 21장-23장)의 규정"을 중심으로 각 계명에 함축되어 있는 하나님의 의도가 무엇인지를 분석한 후 셋째, 십계명 각 계명에서 우리가 주목해야 할 요점들을 살펴볼 것이다.

⁝ 십계명

출애굽 한 이스라엘 백성들이 시내 산에 도착했을 때 하나님께서 온 이스라엘의 목전에 강림하셔서 십계명을 주셨다(출 19:1, 11). 하나님께서는 이스라엘과 대면하여 십계명을 주시고, "이 모든 말씀"(הַדְּבָרִים הָאֵלֶּה, 하데바림 하엘레)을 손가락으로 친히 두 개의 돌판에 새겨 주셨다(신 5:22). 시내 산에서 하나님과 언약 체결의식을 거행한 후에 모세는 40일 만에 이 돌판을 받았다(출 31:38). 그리고 모세가 시내 산을 내려왔을 때 이스라엘 백성들이 금송아지를 만들고 우상 숭배에 빠져 있는 것을 보고 격분하여 그것을 던져 깨뜨리고 말았다(출 32:19). 이에 하나님께서는 언약을 다시 한번 확인시켜 주시면서 모세가 마련한 두 개의 새로운 돌판에 친히 십계명을 새겨 주셨다(출 34:1; 신 10:1-4). 그 후 두 개의 돌판은 언약궤 안에 넣어 두었다(출 40:20; 신 10:5).

십계명이라는 말은 히브리어로 "열 마디의 말씀들"(출 34:28, 신 4:13; 10:4)이라는 말에서 유래한 것이다. 출애굽기 20장에는 십계명이라는 말이 나오지 않는다. 그러나 출애굽기 20:1-17과 그 내용 및 구성 형식이 비슷한 신명기 5:7-21은 "그 말씀들"이 "두 개의 돌판"(신 5:22)에 새겨진 "열 마디의 말씀들"이라고 언급한다. 그리고 신명기 4:23도 이 두 돌판에 새겨진 것이 바로 "열 마디의 말씀들"이라고 언급하고 있다. 따라서 전통적으로 출애굽기 20:1-17을 십계명이라고 부른다.

▌ 십계명이라는 용어의 성경적 근거

> **출 20:6** 나를 사랑하고 내 계명(מִצְוֹתָי, 미쯔오타)을 지키는 자에게는 천대까지 은혜를 베푸느니라

십계명 안에 처음으로 "계명"이라는 말이 사용되었다(출 20:6). 하나님께서는 십계명 제2계명을 "내 계명"(מִצְוֹתָי)이라고 부르셨다. 출애굽기 24:12에서는 "그 율법과 그 계명"이라는 말이 등장한다.

> **출 24:12** 여호와께서 모세에게 이르시되 너는 산에 올라 내게로 와서 거기 있으라 너로 그들을 가르치려고 내가 율법과 계명(וְהַתּוֹרָה וְהַמִּצְוָה, 베하토라 베하미쯔바)을 친히 기록한 돌판을 네게 주리라

출애굽기 24:12 하반절을 직역하면 "그들을 가르치기 위해 내가 기록한 그 율법과 그 계명의 돌판을 내가 너에게 주리라"이다. 하나님께서 시내 산에서 돌판에 친히 기록해 주신 십계명을 "그 율법과 그 계명"(וְהַתּוֹרָה וְהַמִּצְוָה, 베하토라 베하미쯔바)이라고 부르셨다.

예수님께서도 십계명을 지칭하여 "계명"이라는 말을 사용하셨다. 마태복음 19:16-19에서 예수님께서는 "살인하지 말라, 간음하지 말라, 도적질하지 말라, 거짓 증거하지 말라, 네 부모를 공경하라"라는 말씀을 영생을 얻기 위해 지켜야 할 "계명들"이라고 말씀하셨다. 마가복음 12:28-31에서도 모든 계명 중에 가장 큰 계명이 무엇인가를 묻는 서기관의 질문에 예수님께서는 "하나님을 사랑하고 이웃을 네 몸과 같이 사랑하라"라고 대답하

시면서 십계명을 가장 큰 계명이라고 말씀하셨다(마 22:34-40 참고).

사도 바울도 로마서 13:8-10에서 "간음하지 말라, 살인하지 말라, 도둑질하지 말라, 탐내지 말라"라는 말씀을 언급하며 이를 "계명"이라 칭하였다.

이같이 신·구약 성경은 직간접적으로 "열 개의 말씀들"을 "계명"이라고 부르고 있다.

제3부

십계명 해석의 실제

나로 하여금 깨닫게 하여 주소서
내가 주의 법을 준행하며
전심으로 지키리이다
(시 119:34)

📖 십계명

하나님께서는 애굽 땅에서 종살이하며 고된 노동으로 인해 탄식하며 부르짖는 이스라엘 백성들의 고통 소리를 들으시고 아브라함과 이삭과 야곱에게 세우신 그의 언약을 기억하사 그들을 애굽 땅에서 구원하셨다(출 2:23-25). 이스라엘 백성들은 출애굽 한 지 삼 개월이 되던 날 시내 산 앞에 도착하였다. 하나님께서는 시내 산 위 불과 구름과 흑암 가운데서 큰 음성으로 이스라엘 백성들에게 십계명을 선포하셨다(신 5:4-22).

출	20:1	하나님이 이 모든 말씀으로 말씀하여 이르시되
	20:2	나는 너를 애굽 땅, 종 되었던 집에서 인도하여 낸 네 하나님 여호와니라
	20:3	너는 나 외에는 다른 신들을 네게 두지 말라
	20:4-6	⁴너를 위하여 새긴 우상을 만들지 말고 또 위로 하늘에 있는 것이나 아래로 땅에 있는 것이나 땅 아래 물 속에 있는 것의 어떤 형상도 만들지 말며 ⁵그것들에게 절하지 말며 그것들을 섬기지 말라 나 네 하나님 여호와는 질투하는 하나님인즉 나를 미워하는 자의 죄를 갚되 아버지로부터 아들에게로 삼사 대까지 이르게 하거니와 ⁶나를 사랑하고 내 계명을 지키는 자에게는 천 대까지 은혜를 베푸느니라
	20:7	⁷너는 네 하나님 여호와의 이름을 망령되게 부르지 말라 여호와는 그의 이름을 망령되게 부르는 자를 죄 없다 하지 아니하리라

20:8-11 ⁸안식일을 기억하여 거룩하게 지키라 ⁹엿새 동안은 힘써 네 모든 일을 행할 것이나 ¹⁰일곱째 날은 네 하나님 여호와의 안식일인 즉 너나 네 아들이나 네 딸이나 네 남종이나 네 여종이나 네 가축이나 네 문안에 머무는 객이라도 아무 일도 하지 말라 ¹¹이는 엿새 동안에 나 여호와가 하늘과 땅과 바다와 그 가운데 모든 것을 만들고 일곱째 날에 쉬었음이라 그러므로 나 여호와가 안식일을 복되게 하여 그 날을 거룩하게 하였느니라

20:12 네 부모를 공경하라 그리하면 네 하나님 여호와가 네게 준 땅에서 네 생명이 길리라

20:13 살인하지 말라

20:14 간음하지 말라

20:15 도둑질하지 말라

20:16 네 이웃에 대하여 거짓 증거하지 말라

20:17 네 이웃의 집을 탐내지 말라 네 이웃의 아내나 그의 남종이나 그의 여종이나 그의 소나 그의 나귀나 무릇 네 이웃의 소유를 탐내지 말라

여호와께서 "이 모든 말씀"을 이스라엘의 총회에 이르신 후에 더 말씀하지 아니하시고 그것을 두 돌판에 써서 모세에게 주셨다(신 5:22).

십계명 서언

나는 네 하나님 여호와니라

•
••

**십계명은 이스라엘을 구원하기 위한 조건이 아니라
이미 구원받은 백성들에게 필요한 삶의 규범으로 주신 것이다.[64]**

십계명은 여호와께서 출애굽 한 이스라엘 백성들에게 "하나님이 이 모든 말씀으로 말씀하셨다."(출 20:1)라는 선언으로 시작된다. 여호와께서 "이 모든 말씀"(십계명)을 산 위 불과 구름과 흑암 가운데서 큰 음성으로 이스라엘의 총회를 향해 직접 말씀하셨다(신 5:22). 출애굽기 20:1과 신명기 5:22은 십계명이 하나님으로부터 직접 받은 계시의 말씀임을 분명히 한다.[65]

십계명을 주시기에 앞서 하나님께서는 자기 자신을 이스라엘 백성들 앞에서 소개하신다.

---

64) 이승구, 『하이델베르크 요리문답 강해시리즈 3: 위로받은 성도의 삶』, 62.

65) 신명기 5장을 보면 모세는 출애굽 2세대로 구성된 "온 이스라엘" 앞에서 하나님 여호와께서 호렙 산에서 세우신 언약은 우리 조상들과 세우신 것이 아니요 오늘 여기 살아있는 우리와 세우신 것(신 5:2-3)이라고 말하며 십계명을 선포한다(신 5:6-21). 모세는 여호와께서 이 "모든 말씀"을 산 위 불과 구름과 흑암 가운데서 큰 음성으로 이스라엘의 총회를 향해 직접 말씀하신 후에 그것을 두 돌판에 써서 내게 주셨다고 말한다(신 5:22).

출애굽기 20:2

אָנֹכִי יְהוָה אֱלֹהֶיךָ אֲשֶׁר הוֹצֵאתִיךָ מֵאֶרֶץ מִצְרַיִם מִבֵּית עֲבָדִים

나는 너를 애굽 땅, 종 되었던 집에서 인도하여 낸 네 하나님 여호와니라

신명기 5:6

אָנֹכִי יְהוָה אֱלֹהֶיךָ אֲשֶׁר הוֹצֵאתִיךָ מֵאֶרֶץ מִצְרַיִם מִבֵּית עֲבָדִים

나는 너를 애굽 땅, 종 되었던 집에서 인도하여 낸 네 하나님 여호와라

이 말씀은 십계명 전체에 대한 일종의 서언이다.[66] 이 서언은 하나님께서 아브라함을 부르실 때 하신 말씀과 매우 유사하다.

> **창 15:7** 나는 … 너를 갈대아인의 우르에서 이끌어 낸 여호와니라
> **창 20:2** 나는 너를 애굽 땅 … 에서 인도하여 낸 네 하나님 여호와니라

하나님께서는 구원사에 나타난 이 위대한 두 순간에 "나는 네 하나님이 되어 네게 특별한 말씀을 주기 위해 너를 낯선 땅에서 불러냈다."라고 말씀하신다.[67]

십계명의 서언은 고대 근동 조약문서의 서문(preamble)이나 역사적 서언(historical prologue)과 매우 유사하다. 하나님께서는 이 서언을 통해 "십계명을 말씀하시는 분"과 "듣는 사람"의 관계를 명확히 규정함으로써 듣는 사람들이 십계명을 어떻게 대해야 하는가를 분명히 인식할 수 있도록 하셨다.

---

66) 유대교는 출애굽기 20:2을 십계명 제1계명으로 보고, 출애굽기 20:3-6을 제2계명으로 간주한다. 십계명의 구분에 대해서는 김지찬, 『데칼로그: 십계명, 어떻게 이해할 것인가』, 54-62를 참고하라.

67) 드영, 『마음에 새겨야 할 하나님의 명령: 십계명』, 18.

⋮ 이름을 통한 계시

하나님께서는 이스라엘 백성들에게 그의 이름과 출애굽이라는 구속 사건을 통해 하나님이 어떤 분이신가를 상기시키신다. 히브리어 성경에서 십계명 서언은 이렇게 시작된다: "… אֱלֹהֶיךָ יְהוָה אָנֹכִי"(아노키 아도나이 엘로헤카 …). 이러한 표현은 동사가 없는 명사 문장으로 두 가지 번역이 가능하다.[68]

> 나는 여호와, 너의 하나님이다.
> 나, 여호와는 너의 하나님이다.

첫 번째의 경우, 일인칭 대명사 אָנֹכִי(아노키, "나")가 주어이고 서술부는 "여호와"이다. "너의 하나님"은 "여호와"와 동격이다. 이렇게 번역할 경우, 하나님께서 이스라엘 백성들에게 내가 바로 "여호와"이며 또한 내가 바로 "너의 하나님"이라는 것을 강조한다.

두 번째의 경우, אָנֹכִי가 주어이고 하나님의 이름인 "여호와"가 주어와 동격이다. 그리고 서술부는 "너의 하나님"이다. 이렇게 번역할 경우, 하나님께서 이스라엘 백성들에게 "나, 여호와"가 바로 "너의 하나님"이라는 것을 강조한다.

---

68) 명사 문장에 대해서는 Emil Kautzsch, Ed., *Gesenius' Hebrew Grammar*, trans. Arthur E. Cowley, 2nd ed. (Oxford: Clarendon, 1910), 『히브리어 문법』, 신윤수 역 (서울: 비블리카 아카데미, 2003), § 141. Noun-clauses(명사문장)을 참고하라.

출애굽기의 문맥에서 볼 때 "나는 여호와, 너의 하나님이다."라고 번역하는 것이 더 적절해 보인다. 히브리어 본문은 주어인 "나"(אָנֹכִי)가 강조되어 있으며 서술어는 "여호와, 너의 하나님"이다. 이 말씀은 두 가지 의미를 내포한다: "나는 여호와다", "나는 너의 하나님이다".[69]

"나는 여호와다."라는 선언은 하나님께서 약속을 이루시는 신실하신 분이심을 강조한다. "여호와라는 이름은 하나님의 권위와 합법적인 지배를 의미한다."[70] "나는 너의 하나님이다."라는 선언은 이스라엘을 애굽 땅 종되었던 집에서 이끌어 내신 전능하신 하나님이 "너의 하나님"이라는 사실을 강조한다. "하나님께서는 (여호와라는 이름을 사용함으로) 먼저 자기에게는 명령할 권리가 있으며 자기에게 마땅히 복종해야 한다는 것을 밝히신다."[71] "다음에 사람을 부득이한 필연성만으로 강제하시는 듯한 인상을 주시지 않기 위해서, 자기를 교회의 하나님이라고도 선언함으로써 즐거운 생각으로 그들을 끌어당기신다."[72]

> 하나님께서 자신을 여호와라고 부르실 때마다 그것은 그 앞에서 모든 사람이 겸손해져야 하는 그의 위엄을 시사하며, 구속은 그 자체로 자발적인 복종을 불러일으킨다.[73]

---

69) 라이큰은 하나님께서 2인칭 단수형을 사용하심으로 자신이 백성 각 사람 모두와 인격적인 관계를 맺고 계심을 나타내신다고 말한다. 라이큰, 『돌판에 새긴 말씀: 십계명과 오늘날의 도덕적 위기』, 26.
70) 칼빈, 『기독교강요』, II, 8, 13.
71) 칼빈, 『기독교강요』, II, 8, 14.
72) 칼빈, 『기독교강요』, II, 8, 14.
73) John Calvin, *Commentaries on the Four Last Books of Moses: Arranged in the Form of A Harmony*, vol. I (Grand Rapids: Baker Book House, 2009), 343.

⦂ 구속을 통한 계시

하나님께서는 이스라엘 백성들에게 자신을 여호와라는 이름으로 계시해 주셨을 뿐 아니라 출애굽이라는 구속 사건을 통해 자신을 계시하셨다.[74] 하나님께서는 이스라엘 백성들을 애굽 땅 종 되었던 집에서 인도하여 낸 구원의 하나님이시다. 하나님의 이 같은 자기 계시 형태는 단순히 십계명에 대한 서론일 뿐 아니라 앞 장들의 내용(출 1장-18장)을 요약하는 것이기도 하다.[75]

십계명 서언은 간단한 진술이지만 이 말씀 속에는 많은 내용이 함축되어 있다. 출애굽을 통해 계시된 하나님은 어떤 분이신가?

▌말씀하시는 하나님

첫째, 십계명의 서론을 통해 계시된 하나님은 말씀하시는 하나님이시다. 하나님께서는 말씀으로 천지를 창조하셨다. 이 세상의 창조주이신 하나님께서 아브라함에게 나타나 말씀하셨다. 하나님께서는 이삭과 야곱에게도 나타나 말씀하셨다. 그리고 하나님께서는 떨기나무 가운데로부터 나오는 불꽃 안에서 모세에게 나타나 말씀하셨고(출 3:2-3), 산 위 불 가운데, 구름 가운데, 흑암 가운데에서 큰 음성으로(신 5:22) 이스라엘 백성들과도 대면하여 말씀하셨다(신 5:4).

---

74) 폰 라드는 법전 선포의 이유로 "노예로부터의 해방"을 제시하는 것은 이스라엘의 밖에서는 나타나지 않는 이른바 이스라엘 법 전승에 속한 특징적인 것이라고 주장한다. Gerhard von Rad, *Old Testament Theology, Vol I*, trans. D.M.G. Stalker (New York: Happer & Row, 1962), 198.

75) Brevard S. Childs, *Exodus* (London: SCM Press, 1974), 401.

하나님께서는 입이 있어도 말하지 못하는 사람이 만든 수공물(시 115:3-8)과는 달리, 직접 이스라엘 백성들 앞에 나타나 그들과 더불어 말씀하시는 살아계신 하나님이시다. 그 하나님께서 오늘도 우리를 향해 말씀하신다. 하나님께서는 말씀을 통해 우리를 향하신 하나님의 뜻을 계시하신다(신 4:5-14, 32 이하).

▎신실하신 하나님

둘째, 하나님께서는 말씀하실 뿐만 아니라 말씀하신 것을 이루시는 신실하신 하나님이시다. 하나님께서는 모세에게 자기의 이름을 "여호와"라고 계시하셨다(출 6:2). 하나님께서는 예레미야에게 "여호와"라는 이름이 담고 있는 의미를 다음과 같이 직접 소개해 주셨다.

> **렘 33:2-3** ²일을 행하시는 여호와, 그것을 만들며 성취하시는 여호와, 그의 이름을 여호와라 하는 이가 이와 같이 이르시도다 ³너는 내게 부르짖으라 내가 네게 응답하겠고 네가 알지 못하는 크고 은밀한 일을 네게 보이리라

"여호와"는 "일을 행하시고 그것을 만들어 성취하시는" 신실하신 하나님이시며 우리가 부르짖어 기도할 때 응답하시는 은혜의 하나님이시다.

하나님께서는 모세에게도 "나는 여호와로라"라고 말씀하시며 자기 자신을 다음과 같이 계시하셨다.

> **출 6:2-8** ²하나님이 모세에게 말씀하여 이르시되 나는 여호와이니라 ³내가 아브라함과 이삭과 야곱에게 전능의 하나님으로 나타났으나 나의 이름을 여호와로는 그들에게 알리지 아니하였고 ⁴가나안 땅 곧 그들이 거류하는 땅을 그들에게 주기로 그들과 언약하였더니 ⁵이제 애굽 사람이 종으로 삼은 이스

라엘 자손의 신음 소리를 내가 듣고 나의 언약을 기억하노라 ⁶그러므로 이스라엘 자손에게 말하기를 나는 여호와라 내가 애굽 사람의 무거운 짐 밑에서 너희를 빼내며 그들의 노역에서 너희를 건지며 편 팔과 여러 큰 심판들로써 너희를 속량하여 ⁷너희를 내 백성으로 삼고 나는 너희의 하나님이 되리니 나는 애굽 사람의 무거운 짐 밑에서 너희를 빼낸 너희의 하나님 여호와인 줄 너희가 알지라 ⁸내가 아브라함과 이삭과 야곱에게 주기로 맹세한 땅으로 너희를 인도하고 그 땅을 너희에게 주어 기업을 삼게 하리라 나는 여호와라 하셨다 하라

"천지의 주재이시요 지극히 높으신 하나님"께서는 이루지 못할 일이 없는 전능하신 하나님이시다. 아브라함과 이삭과 야곱에게 가나안 땅을 주기로 언약을 맺으신 전능하신 하나님께서 애굽 땅에서 종살이하는 이스라엘 자손의 신음 소리를 들으시고, 그 언약을 기억하사, 그들을 빼내며, 건지며, 구속하여, 그들을 하나님의 백성으로 삼으시고 가나안 땅으로 인도하셨다. 하나님께서는 아브라함과 이삭과 야곱에게 언약하신 대로 이루시는 "여호와 하나님"이시다. 전능하신 하나님은 언약하신 대로 이루시는 신실하신 여호와 하나님이시다.

"여호와"라는 이름의 계시는 이스라엘 백성들을 향하여 그들의 조상들에게 맹세하신 언약을 이루시겠다는 확증이다. 칼빈은 다음과 같이 말하였다.

> 만약 이스라엘 백성이 하나님이 자기들을 불쌍히 여기시고 자기들의 조상들과 하신 약속을 이행하기 시작하셨다는 것을 안다면(사실 그들은 이미 그것에 대한 충분한 증거를 받았다), 참으로 그들은 자신들을 온전히 하나님께 바치고 전적으로 그분에게 순종해야 하지 않겠는가? 그분이 그들에 대한 사랑 때문에 그토록 분명하게 알려 주신 뜻에 자기들을 맡겨야 하지 않겠는가?[76)]

---

76) 칼빈, 『칼빈의 십계명 강해』, 40.

이스라엘은 전심으로 하나님을 사랑하고 섬기며, 그의 뜻대로 순종하는 것이 마땅하다.

▌구원의 하나님

셋째, 하나님께서는 애굽 땅 종 되었던 집에서 이스라엘을 인도하여 낸 구원의 하나님이시다. 하나님께서는 애굽 땅을 "종 되었던 집"이라고 하신다. 이는 이스라엘 백성들이 애굽 땅에서 어떤 상태에 있었는가를 상기시켜 준다. 이스라엘 백성들은 애굽에서 온갖 학대와 핍박에 시달리며 고된 노동으로 말미암아 탄식하며 부르짖던 자들이다. 하나님께서는 그들의 고통 소리를 들으시고 아브라함과 이삭과 야곱에게 주신 그의 언약을 기억하사 그들을 애굽 땅에서 이끌어 내신 구원의 하나님이시다(출 2:24).

하나님께서 자신을 "애굽 땅에서 인도하여 낸 너의 하나님 여호와", 즉 "이스라엘을 구원하신 자"로 계시하신 것은 십계명이 우리에게 주는 의미를 분명하게 해 준다. 하나님은 먼저 구원하시고 그 후에 율법을 주셨다. 십계명은 출애굽 하는 방법을 알려주는 지침이 아니라 구원받은 자들이 구원의 목적을 이루도록 돕는 하나님의 언약의 말씀이다.[77] 십계명은 이미 구원받은 백성들에게 삶의 규범으로 주신 것이다. 칼빈은 십계명 서언에서 해방을 언급하는 것은 "이스라엘 백성을 자기 백성이라고 주장하실 권리가 있는 하나님께 그들이 더욱 열렬하게 헌신하도록 하시려는 뜻"이 있다고 말한다.[78] 하나님께서 강한 손으로 애굽 땅 종 되었던 집에서 구원

---

77) 이승구는 따라서 "계명들에 대한 깊은 성찰과 순종은 구원을 받기 위한 조건이 아니라 이미 구원하신 하나님의 은혜에 대한 감사의 표현"이라고 말한다. 이승구, 『하이델베르크 요리문답 강해시리즈 3: 위로받은 성도의 삶』, 62.

78) 칼빈, 『기독교강요』, II, 8. 15.

하셨으니(출 32:11; 신 4:34, 5:15; 단 9:15) 이스라엘 백성들은 자기를 구원하신 그 하나님을 경외하며 섬기는 것이 마땅하다.[79)]

▎ 전능하신 하나님

넷째, 하나님께서는 모든 신 위에 뛰어나신 전능하신 하나님이시다. 하나님께서 이스라엘 백성들을 안전하게 지키시고 인도하시기 위해 많은 기사와 이적으로 그의 능력을 발휘하셨다는 사실을 상기시키신다.

이스라엘 백성들이 출애굽 할 때 하나님께서는 열 가지 기사와 이적을 행하셨다. 애굽 사람들은 온갖 우상을 만들고 섬기는 혼합종교를 가지고 있었다. 애굽 사람들에게는 나일강도 신이고 태양도 달도 모두 신이다. 특별히 애굽 사람들은 바로(פַּרְעֹה, 파르오, "Pharaoh")가 "태양의 아들"이라고 믿고 바로를 신성시하였다. 열 가지 기사와 이적의 목적은 누가 참 신인가를 알게 하는 것이다. 하나님께서는 이 이적들을 통해서 애굽 사람들이 절대시하고 숭배하는 신들이 다 헛된 것임을 보여 주셨다.

하나님께서 행하신 열 가지 기사와 이적은 애굽 사람들에 대한 심판일 뿐 아니라 애굽의 모든 신에 대한 하나님의 심판이다. 하나님께서는 이를 통해 애굽의 우상들은 참 신이 아니며 오직 하나님만이 전능하신 참 하나님이심을 계시하셨다(출 8:10, 22; 9:14, 16; 10:1-2). 하나님께서는 이 이적들로 말미암아 "나를 여호와인 줄 알리라"라고 말씀하셨다(출 7:17). 부분적으로나마 하나님께서 의도하신 대로 애굽 사람들의 반응이 나타나기도

---

79) 그러나 출애굽 한 이스라엘 백성들은 광야에서 조금만 어려운 일이 있어도 차라리 애굽에서의 생활이 더 나았다고 불평하며 하나님을 원망하였다. 하나님께서는 이들이 "목이 곧은 백성"이라고 여러 차례 말씀하셨다(출 32:9; 33:3, 5; 신 9:6, 13; 참고: 신 34:9).

했다. 하나님께서 모세를 통해 행하시는 기적을 보면서 애굽의 요술사들은 바로에게 이러한 일들은 오직 하나님의 권능에 의한 것이라고 말하였다(출 8:19). 또 바로의 신하 중에 여호와의 말씀을 두려워하는 자들도 있었다(출 9:20).

하나님께서는 바로에게 "모든 재앙을 너와 네 신하와 네 백성에게 내려 온 천하에 나와 같은 자가 없음을 네가 알게 하리라"라고 말씀하셨다(출 9:14). 바로가 처음에는 여호와 하나님이 어떤 분이신 가를 알지 못하고 이스라엘 백성들을 놓아주지 않았다. 그러나 바로는 열 가지 재앙을 통해 애굽 사람들과 애굽의 모든 신에 대한 하나님의 심판을 보고 하나님이 어떤 분이신가를 알게 되었고, 결국 이스라엘을 내보내게 된다. 동시에 이스라엘 백성들은 출애굽의 과정을 통해 하나님께서 모든 신 위에 뛰어나신 전능하신 하나님이라는 사실을 알게 된다.

> **신 4:32-35** [32] 네가 있기 전 하나님이 사람을 세상에 창조하신 날부터 지금까지 지나간 날을 상고하여 보라 하늘 이 끝에서 저 끝까지 이런 큰 일이 있었느냐 이런 일을 들은 적이 있었느냐 [33] 어떤 국민이 불 가운데에서 말씀하시는 하나님의 음성을 너처럼 듣고 생존하였느냐 [34] 어떤 신이 와서 시험과 이적과 기사와 전쟁과 강한 손과 편 팔과 크게 두려운 일로 한 민족을 다른 민족에게서 인도하여 낸 일이 있느냐 이는 다 너희의 하나님 여호와께서 애굽에서 너희를 위하여 너희의 목전에서 행하신 일이라 [35] 이것을 네게 나타내심은 여호와는 하나님이시요 그 외에는 다른 신이 없음을 네게 알게 하려 하심이니라

모세는 이스라엘 백성들에게 하나님 여호와께서 "시험과 이적과 기사와 전쟁과 강한 손과 편 팔로" 그들을 애굽에서 구원하신 일을 상기시킨다. 이어서 모세는 하나님께서 애굽에서 이스라엘 백성들을 위하여 그들의 목

전에서 행하신 일들은 "여호와는 하나님이시요 그 외에는 다른 신이 없음을 네게 알게 하려 하심이라"라고 말한다(신 4:34-35).

애굽에서뿐만 아니라 출애굽 이후 시내 산까지의 여정을 통해서 이스라엘 백성들은 전능하신 하나님을 경험하였다. 뒤에서는 바로와 그의 군사들이 병거를 이끌고 쫓아 오고, 앞에는 홍해 바다가 가로막혀있는 진퇴양난의 상황에서 이스라엘 백성들은 하나님께서 행하신 기적을 경험하였다. 하나님께서는 이스라엘 백성들이 홍해 바다 한가운데를 마치 마른 땅과 같이 건너게 하셨다(출 14장).

광야에서 먹을 양식이 떨어졌을 때는 여호와께서는 하늘에서 만나를 내려 먹이셨고, 고기가 먹고 싶다고 불평할 때는 메추라기를 보내 배불리 먹이셨으며(출 16장), 마실 물이 떨어졌을 때는 단단한 반석에서 물을 내어 마시게 하셨다(출 17:1-7). 한낮의 뜨거운 태양볕 아래서는 구름 기둥으로, 살을 에는 듯한 추운 밤에는 불기둥으로 이스라엘 백성들을 지키시고 인도하셨다. 이러한 일들을 통해 이스라엘 백성들은 전능하신 하나님을 몸소 체험하고 경험하였다. "그런즉" 모세는 이스라엘 백성들에게 다음과 같이 강권한다.

> **신 4:39-40** [39] 그런즉 너는 오늘 위로 하늘에나 아래로 땅에 오직 여호와는 하나님이시요 다른 신이 없는 줄을 알아 명심하고 [40] 오늘 내가 네게 명령하는 여호와의 규례와 명령을 지키라 너와 네 후손이 복을 받아 네 하나님 여호와께서 네게 주시는 땅에서 한 없이 오래 살리라

▌이스라엘의 하나님

다섯 번째, 십계명 서언에서 생각할 수 있는 또 하나의 사실은 사람들과 더불어 말씀하시는 살아 계신 하나님, 말씀하신 대로 이루시는 신실하신 하나님, 언약하신 대로 구원하신 하나님, 그리고 능치 못할 일이 없으신 전능하신 하나님이 바로 "너의 하나님"(אֱלֹהֶיךָ, 엘로헤카)[80], 이스라엘의 하나님이 되신다는 것이다.

하나님께서는 성경 여러 곳에서 "이스라엘의 하나님이 되려고" 그들을 애굽 땅에서 인도하여 내셨다고 말씀하신다.

> **레 22:33** 너희의 하나님이 되려고 너희를 애굽 땅에서 인도하여 낸 자니 나는 여호와이니라

> **민 15:41** 나는 여호와 너희 하나님이라 나는 너희의 하나님이 되려고 너희를 애굽 땅에서 인도해 내었느니라 나는 여호와 너희의 하나님이니라

특히 민수기 15:41에서 하나님께서는 나는 너희의 하나님이 되려고 너희를 애굽 땅에서 인도해 낸 "여호와 너의 하나님"이라고 앞뒤에서 두 번씩이나 반복하여 강조하신다. 칼빈은 세상의 창조주이신 하나님께서 나의 하나님이 되시겠다고 말씀하시는데 그를 영접하지 않는 것보다 더 패역하고 어리석은 것이 있을 수 없다고 단언한다.[81]

---

80) 더햄은 "나는 여호와"라는 "자기 선포적 구절"을 통하여 여호와가 누구인가를 상기시키고 있으며, 여기에 "너의 하나님"이라는 "자기 헌신적 구절"을 추가하여 이스라엘 백성들이 누구인가를 상기시키고 있다고 말한다. 더햄, 『출애굽기 WBC 주석』, 471.

81) Calvin, *Commentaries on the Four Last Books of Moses: Arranged in the Form of A Harmony*, vol. I, 381.

우리는 그분이 자신을 "이스라엘의 하나님"으로 계시하실 때 그 칭호가 의미하는 것은 그분이 우리의 구주가 되시리라는 것임을 알아야 한다. 하박국 선지자는 "당신은 우리의 하나님이시오니 … 우리가 멸망하지 아니하리이다"(합 1:12)라고 말한다. 그러므로 우리는 하나님의 이 칭호가 우리를 위한 것임을 깨닫고 그것을 소중히 여겨야 한다.[82]

▌그런즉 너는 순종하라

마지막으로 애굽 땅 종 되었던 집에서 구원받은 사건과 관련하여 이스라엘 백성들이 가장 뼈저리게 경험한 것은 순종의 중요성이다.

하나님께서 애굽에서 행하신 열 가지 기사와 이적 중 마지막은 유월절 사건이다. 이 유월절 사건은 다른 아홉 가지의 기사와 이적들과 같이 그냥 보고만 있는 사건이 아니라 말씀대로 순종하면 살고 불순종하면 죽는 엄청난 사건이다. 따라서 이스라엘 백성들은 유월절 사건을 통해 순종의 중요성을 뼈저리게 경험하였다. 또 이스라엘 백성들은 만나를 통해 하루하루 말씀대로 순종하는 삶이 얼마나 중요한가를 날마다 경험하였다. 이러한 과정을 겪으며 이스라엘 백성들은 시내 산에 도착했다. 광야에서 생존하기 위해서는 하나님을 믿고 의지할 수밖에 없다. 바로 이러한 상황에서 하나님께서는 이스라엘 백성들에게 직접 십계명을 선포하셨다.

모세는 이스라엘 백성들에게 "여호와의 명령을 지키라"(신 4:1-2: 4:40)라고 당부한다.

---

82) 칼빈, 『칼빈의 십계명 강해』, 72.

신 4:1-2 ¹이스라엘아 이제 내가 너희에게 가르치는 규례와 법도를 듣고 준행하라 그리하면 너희가 살 것이요 너희 조상의 하나님 여호와께서 너희에게 주시는 땅에 들어가서 그것을 얻게 되리라 ²내가 너희에게 명령하는 말을 너희는 가감하지 말고 내가 너희에게 내리는 너희 하나님 여호와의 명령을 지키라

신 4:40 오늘 내가 네게 명령하는 여호와의 규례와 명령을 지키라 너와 네 후손이 복을 받아 네 하나님 여호와께서 네게 주시는 땅에서 한 없이 오래 살리라

이상과 같이 하나님께서는 십계명의 서언에서 이스라엘 백성들에게 자기의 이름을 계시하시면서 애굽 땅 종 되었던 집에서 이끌어 내신 것을 상기시키신다. 하나님은 말씀하시는 하나님이시다. 하나님은 언약을 지키시는 신실하신 하나님이시다. 하나님은 아브라함, 이삭, 야곱에게 약속하신 대로 이스라엘 백성들을 종 되었던 애굽 땅에서 구원하신 하나님이시다. 하나님은 능치 못할 일이 없으신 전능하신 하나님이시다. 그리고 바로 그 하나님은 이스라엘의 하나님이시다. "하나님의 구속 사역 때문에 하나님은 명령하실 권리를 갖는다."[83]

> 이스라엘은 계명을 행함으로 하나님의 백성이 되는 것이 아니다. 이스라엘은 선택을 받았고 구속되었기 때문에 하나님의 은혜에 대한 적절한 응답으로서 하나님의 율법을 받는 것이다.[84]

십계명 서언은 "우리가 하나님의 말씀을 존중하고 귀히 여기며, 반드시 준행해야 한다는 것을 강조한다."[85] 우리는 구원받은 하나님 나라 거룩한 백성으로서 우리를 택하시고 구원하신 하나님의 뜻을 따라 살아야 한다.

---

83) 콜, 『출애굽기: 틴델 구약주석』, 218.

84) 브레바드 S. 차일즈, 『구약신학』, 박문재 역 (서울: 크리스챤다이제스트, 1997), 80.

85) 박요한 영식, 『십계명』 (서울: 카톨릭대학출판부, 2002), 61.

제1계명

나 외에는 다른 신들을 네게 두지 말라

:

십계명 제1계명을 지키는 방법은 크게 세 가지,
곧 오직 하나님만 경배하고,
모든 형태의 우상을 타파하고,
그리스도께로 돌아가는 것이다.[86]

십계명의 서언(출 20:2)에서 하나님께서는 "나는 너를 애굽 땅, 종 되었던 집에서 인도하여 낸 네 하나님 여호와니라"라고 선언적으로 소개하신 후 첫 번째 계명에서 "너는 나 외에는 다른 신들을 네게 두지 말라"라고 말씀하신다. 십계명 제1계명은 예배의 대상에 대한 말씀이다.[87]

---

86) 드영, 『마음에 새겨야 할 하나님의 명령: 십계명』, 36.
87) 게르할더스 보스, 『성경신학』, 이승구 역 (서울: 기독교문서선교회, 2000), 153.

: 나 외에는 다른 신들을 너에게 있게 말지니라

출애굽기 20:3

לֹא יִהְיֶה־לְךָ אֱלֹהִים אֲחֵרִים עַל־פָּנָי

너는 나 외에는 다른 신들을 네게 두지 말라

사역 너는 나 외에는 다른 신들을 너에게 있게 말지니라

신명기 5:7

לֹא יִהְיֶה־לְךָ אֱלֹהִים אֲחֵרִים עַל־פָּנָי:

나 외에는 다른 신들을 네게 두지 말지니라

제1계명에서 עַל־פָּנָי(알-파나야)는 번역하기 어려운 말이다. 개역이나 개역개정은 "나 외에는"으로, 공동번역은 "내 앞에서"로 번역하였다. KJV, RSV, NIV를 포함하여 대부분의 영어 성경은 "before me"(내 앞에서)로 번역하였다.

차일즈는 עַל־פָּנָי는 이스라엘과 관련된 다른 신들을 제거함으로써 이루어지는 여호와와 이스라엘의 관계를 기술하고 있는 것이라고 주장한다.[88] 카일 델리취는 עַל־פָּנָי를 "내 앞에서"(before me)로 번역하는 것은 정확하지 못하며, "나를 넘어서"(beyond me), "나에게 덧붙여서"(in addition to me)로 번역해야 한다고 주장한다.[89] 카이저는 성경의 용례에 비추어서 עַל־פָּנָי를 "나와 동떨어져서"로 번역할 것을 제안한다. 그리고 이 말은 무신론과 우상 숭배와 다신론과 형식주의를 배격한다고 주장한다.[90] 올브라이트는

---

88) Brevard S. Childs, *The Book of Exodus: A Critical, Theological Commentary* (Louisville: Westminster John Knox, 1974), 403.

89) 카일, 델리취, 『카일·델리취 구약주석 2: 출애굽기』, 237.

90) 월터 카이저, 『구약성경윤리』, 홍용표 역 (서울: 생명의말씀사, 1990), 101-02.

עַל־פָּנֵי를 "나에게"(to me)라고 번역하였다.[91] 폰 라드는 עַל־פָּנֵי는 이스라엘이 처한 다신론적 상황을 전제하고 있다고 주장한다.[92] 바이얼린은 עַל־פָּנֵי는 여호와의 현현(顯現, theophany)[93]을 전제한다고 보고, 제1계명은 이스라엘 백성들이 여호와께서 현현하시는 여호와의 성소에서 오로지 여호와만을 예배해야 함을 의미한다고 주장한다.[94]

▌ 나 외에는

עַל־פָּנֵי를 "나 외에는"으로 번역할 경우 여호와 하나님 한 분 만의 존재를 인정하는 유일신론이 내포된다.[95] 즉, 하나님 이외에 다른 신의 존재를 부정하는 의미가 된다. 그런데 성경에서 하나님 외에 다른 신이 없음을 표현할 경우 עַל־פָּנֵי가 아니라 다른 단어들이 사용된다.

> **신 4:35** 이것을 네게 나타내심은 여호와는 하나님이시요 그 외에는 (עוֹד מִלְבַדּוֹ) 다른 신이 없음을 네게 알게 하려 하심이니라

> **사 45:6** 해 뜨는 곳에서든지 지는 곳에서든지 나 밖에(בִּלְעָדָי) 다른 이가 없는 줄을 알게 하리라 나는 여호와라 다른 이가 없느니라

> **사 45:21** 너희는 알리며 진술하고 또 함께 의논하여 보라 이 일을 옛부터 듣게 한 자가 누구냐 이전부터 그것을 알게 한 자가 누구냐 나 여호와가 아니냐

91) W. F. Albright, *From Stone Age to Christianity*, 2nd ed. (New York: Doubleday, 1957), 297.

92) Von Rad, *Old Testament Theology, Vol I*, 210.

93) 하나님께서 인간에게 자신을 드러내시는 것을 "신현"(神顯), 또는 "현현"(顯現)이라고 한다.

94) W. Beyerlin, *Origins and History of the Oldest Sinaitic Traditions*, trans. S. Rudman (Oxford: Basil Blackwell, 1965), 98-112; 그러나 이승구는 이 말은 단순히 제의적인 상황을 지칭하기만 하는 것이 아니라 실질적으로 하나님 앞이 아닌 곳은 이 세상에 없으므로 우리의 전 상황과 관련된 명령이라고 지적한다. 이승구, 『하이델베르크 요리문답 강해시리즈 3: 위로받은 성도의 삶』, 74.

95) 김정준, "십계명 연구", 「기독교사상」 9/8 (1965.9): 118.

나 외에(מִבַּלְעָדַי) 다른 신이 없나니 나는 공의를 행하며 구원을 베푸는 하나님
이라 나 외에(זוּלָתִי) 다른 이가 없느니라

하나님 외에 다른 신이 없음을 표현하는 "그 외에는"(עוֹד מִלְבַדּוֹ, 오드 밀바
도)", "나 밖에"(בִּלְעָדַי, 빌라다), "나 외에"(מִבַּלְעָדַי, 미발라다), "나 외에"(זוּלָתִי, 줄
라티)는 출애굽기 20:3의 עַל־פָּנָי(알-파나야)와는 구별된다.

▌내 앞에서

עַל־פָּנָי의 의미는 성경의 문맥이나 용례에 따라 결정되어야 한다.

> **출 34:6** 여호와께서 그의 앞으로(עַל־פָּנָיו) 지나시며 선포하시되 여호와라 여호
> 와라 자비롭고 은혜롭고 노하기를 더디하고 인자와 진실이 많은 하나님이라

출애굽기 34:6은 עַל־פָּנָיו(알-파나브)를 "그의 앞에서"라고 번역하였다(왕상
19:11 참조). 이와 같이 עַל־פָּנָי를 "내 앞에서"(before me, 문자적으로 "내 면전에서")
라고 번역할 경우 여호와 외에 다른 신의 존재를 인정하지만 그 신은 이스
라엘의 예배의 대상이 될 수 없음을 뜻한다.[96] 그렇다면 십계명 제1계명은
"하나님 앞에 다른 신들을 두지 말라"는 의미가 된다.

우즈는 עַל־פָּנָי를 어떻게 번역하든지 언어적이고 신학적 차원에서 이것
은 유일신을 뜻한다고 보았다.[97] 그러나 제1계명의 중요한 목적은 그저 단
순하게 유일신 하나님을 강조하는 것이 아니다.[98] 이미 십계명 서언에서

---

96) 김이곤, "십계명과 그 가르침(1)", 「기독교사상」 32/8 (1988): 205; 김정준, "십계명 연구", 117.
97) 에드워드 J. 우즈, 『신명기 - 틴데일 구약주석 시리즈 5』, 김정훈 역 (서울: 기독교문서선교회,
    2016), 162.
98) 크뤼제만은 "제1계명은 유일신론적인 것이 아니다. 다른 신들의 존재를 부인하지 않으며

하나님만이 유일하신 참 하나님이라는 것이 계시되었다. 제1계명은 유일하신 하나님 앞에서 그 백성이 어떻게 처신해야 할 것인가를 가르치는 말씀이다."[99] 하나님께서는 제1계명에서 "내 앞에 다른 신을 네게 있게 말지니라"라고 말씀하신다. 구약성경에서 "다른 신들이 있다."라는 표현은 "다른 신들에게 예배를 드린다."라는 의미이다. 제1계명은 다른 신들의 존재를 인정하지만 오직 여호와 하나님만이 예배의 대상임을 강조한다.

> 첫째 계명의 의도는 하나님만을 경배하라는 것이다. 그러므로 이 교훈의 요점은 진정한 경건, 즉 하나님의 신성에 대한 경배를 하나님께서 기뻐하시며, 불경건을 미워하신다는 것이다.[100]

제1계명은 오직 여호와 하나님만이 우리 예배의 참 대상이심을 분명히 가르쳐 주는 말씀이다.[101] 즉, 제1계명은 단순히 유일신 사상을 강조하는 것이 아니라 하나님을 다른 방식으로 만나고자 시도하는 것을 금지하는 명령이다.[102]

> 이 계명의 목적은, 주께서는 자기만이 자기 백성 사이에서 최고의 지위를 가지시며, 그들에 대해서 완전한 권위를 행사하고자 하신다는 것이다. 이 일을 실현하시기 위해서, 그의 신성(神性)의 영광을 감하거나 흐리게 하는 불경건과 미신을 일소하라고 우리에게 명령하신다. 같은 이유로, 진실하고 열렬한 경건으로 자기를 경배하며 앙모하라고 명령하신다.[103]

오히려 그것을 전제하고 있다."라고 말한다. 크뤼제만, 『자유의 보존, 사회사적 관점에서 본 십계명의 주제』, 55.

99) 박요한, 『십계명』, 33.
100) 칼빈, 『기독교강요』, II, 8. 8.
101) 이한영, 『역사와 서술에서의 오경 메시지』 (서울: 크리스챤출판사, 2008), 174.
102) 크뤼제만, 『자유의 보존, 사회사적 관점에서 본 십계명의 주제』, 57.
103) 칼빈, 『기독교강요』, II, 8. 16.

⁝ 미쉬파팀의 규정

십계명의 나머지 아홉 계명은 해야 할 일과 하지 말아야 할 일들을 명령하지만 제1계명은 유일하신 하나님과 어떻게 관계를 맺어야 하는가를 알려준다. 제1계명은 이스라엘 백성들에게 오직 여호와께만 예배드려야 한다는 것을 강조한다.[104] 십계명 첫 번째 계명이 구체적으로 요구하는 것이 무엇인가는 하나님께서 모세를 통해서 주신 미쉬파팀(출 21장-23장)에 잘 나타나 있다.

미쉬파팀은 십계명 제1계명을 다른 신에 대한 예배의 금지로 설명한다.

> **출 22:20** 여호와 외에 다른 신에게 제사를 드리는 자는 멸할지니라

출애굽기 22:20은 다른 신에게 예배하는 자는 사형에 처하라고 규정한다. 알트는 이 계명을 범한 사람은 당사자뿐만 아니라 그의 가족 전체가 멸족되었다고 주장한다.[105]

> **출 23:13** 내가 네게 이른 모든 일을 삼가 지키고 다른 신들의 이름은 부르지도 말며 네 입에서 들리게도 하지 말지니라

> **출 34:14** 너는 다른 신에게 절하지 말라 여호와는 질투라 이름하는 질투의 하나님임이니라

---

104) 박요한, 『십계명』, 28.

105) A. Alt, "The Origins of Israelite Law," in *Essays on Old Testament History and Religion*, trans. R. A. Wilson (Oxford: Basil Blackwell, 1966), 81-132 참조.

출애굽기 23:13에서 다른 신들을 경배하는 것에 대한 금지가 다시 언급된다. 하나님께서는 다른 신들의 이름은 입에도 담지 말라고 명하신다. 출애굽기 34:14에서도 다른 신에게 절하지 말라고 명하신다.

십계명 제1계명은 하나님 앞에서 다른 신들을 예배하지 말라는 명령이다. 이는 하나님과 동시에 다른 신, 즉 우상을 섬기는 것을 금하는 명령이다. 박요한은 제1계명의 의미를 다음과 같이 설명한다.

> 첫 번째 계명이 요구하는 것은 다른 신들의 존재를 부정하는 것이 아니라 그 신들이 이스라엘 백성들에게 신적인 권위를 갖는 존재가 되어서는 안 된다는 것을 강조하는 강력한 표현으로 보아야 한다.[106]

출애굽기 23:24-25은 어떻게 하나님 여호와만을 섬겨야 하는가를 언급한다.

> **출 23:24-25** [24] 너는 그들의 신을 경배하지 말며 섬기지 말며 그들의 행위를 본받지 말고 그것들을 다 깨뜨리며 그들의 주상을 부수고 [25] 네 하나님 여호와를 섬기라 그리하면 여호와가 너희의 양식과 물에 복을 내리고 너희 중에서 병을 제하리니

미쉬파팀에서는 하나님 앞에서 다른 신들을 두지 않을 뿐만 아니라 보다 적극적으로 "네 하나님 여호와를 섬기라"라고 명령한다. 사람들이 만들어 놓은 우상을 경배하지 말며, 섬기지 말며, 그들의 행위를 본받지 말고, 그것들을 다 깨뜨리며, 그들의 주상을 파괴하라고 명하신다. 그리고 오직 하나님만을 인정하고, 오직 하나님만을 섬기라고 명하신다. 신명기 6:12-14

---

106) 박요한, 『십계명』, 29.

에서도 애굽 땅 종 되었던 집에서 인도하여 내신 여호와를 잊지 말고 "네 하나님 여호와를 경외하며 그를 섬기며" "다른 신들, 곧 네 사면에 있는 백성의 신들을 따르지 말라"라고 말씀한다.

> **신 6:12-14** [12] 너는 조심하여 너를 애굽 땅 종 되었던 집에서 인도하여 내신 여호와를 잊지 말고 [13] 네 하나님 여호와를 경외하며 그를 섬기며 그의 이름으로 맹세할 것이니라 [14] 너희는 다른 신들 곧 네 사면에 있는 백성의 신들을 따르지 말라

십계명 첫 계명이 가르치는 바는 이스라엘이 다른 신들을 모두 제거하고 오직 여호와 그분만을 예배해야 한다는 것이다. 인간 타락의 주요인이 하나님의 주권에 대한 도전이었던 것을 고려할 때 오직 하나님 여호와만을 섬기라는 이 말씀이 제일 먼저 강조되는 것은 당연하다. "첫째 계명의 의도는 하나님만을 경배하라는 것이다."[107] 이것이 제사장 나라, 거룩한 백성이 되기 위해 지키고 순종해야 할 율례와 율법 중 첫 번째 계명이다.

하나님께서는 이스라엘 백성들에게 하나님 앞에서 어떤 우상도 섬기지 말고 오직 여호와 하나님만을 믿고, 오직 여호와 하나님께만 충성하고 헌신할 것을 요구하신다. 미쉬파팀은 하나님만을 섬기는 자에게 다음과 같은 복을 약속한다.

> **출 23:25-26** [25] 네 하나님 여호와를 섬기라 그리하면 여호와가 너희의 양식과 물에 복을 내리고 너희 중에서 병을 제하리니 [26] 네 나라에 낙태하는 자가 없고 임신하지 못하는 자가 없을 것이라 내가 너의 날 수를 채우리라

---

107) 칼빈, 『기독교강요』, II. 8. 8.

하나님께서는 "네 하나님 여호와"를 섬기면 양식과 물에 복을 내리고 병을 제하고, 낙태하거나 임신하지 못하는 자가 없어 땅에 번성하여 충만하게 될 것이며 장수하는 복을 주시겠다고 약속하신다. 그런데 이스라엘 백성들은 제1계명을 잘 지키지 못했고 죄악 가운데 있는 우리 역시 하나님을 잘 섬기지 못한다. 우리는 제사장 나라 거룩한 백성이 되기는커녕 오히려 복 주시려고 베푸신 은혜도 받아 누리지 못하고 사는 죄인들이다. 하나님이 아닌 다른 것들에게 마음을 빼앗기며 살아가고 있는 것이 우리의 모습이다.

그러나 하나님께서는 이러한 우리를 그냥 내버려 두지 않으시고 우리를 위하여 독생자 예수 그리스도를 이 땅에 보내 주셨다. 예수 그리스도께서 우리의 죄악과 질고를 대신 짊어지시고 십자가에 못 박혀 죽으셨다. 그의 죽으심으로 우리의 모든 죄가 사함을 받았고, 하나님께서는 다시 우리를 하나님의 택하신 족속이요 왕 같은 제사장으로 삼아주셨다. 요한일서 5:1-4을 보면 "예수가 그리스도이심을 믿는 자마다 하나님께로 난 자이며 하나님께로서 난 자마다 하나님을 사랑하고 하나님의 계명을 지킬 수 있다."라고 말씀하신다. 즉, 하나님께서는 누구든지 예수 그리스도를 믿음으로 말미암아 하나님의 계명을 순종함으로 약속된 복을 다 받아 누리도록 하셨다.

예수님께서 우리에게 생명의 양식(요 6장)과 생수를 주신다(요 4장). 예수님께서 치료하는 광선을 발하사 우리를 고치고 치유하신다(말 4:2). 예수님께서 우리에게 영생을 주신다(요 3:16; 3:36; 4:14; 5:24; 6:51). 이것은 출애굽기 23:25-26에서 하나님을 섬기는 자들에게 약속하신 복과 일치한다.

하나님께서 예전에 이스라엘 백성을 애굽에서 구해 내신 것처럼 우리 주 예수 그리스도의 보혈을 통해 우리를 구속하셔서 자신에게로 이끄셨으며 또한 우리에게 복음의 교리들을 알려 주심으로 자신의 보호를 얻게 하시고 그로 인한 결과를 맛보게 해 주신 것을 알아야 한다.[108]

우리가 어떻게 하나님을 섬길 수 있는가? 예수 그리스도를 믿는 것이 하나님을 섬기는 바른 도리이다. 따라서 십계명 제1계명은 예수 그리스도에 대한 믿음으로까지 확장되는 중요한 계명이다. 십계명 제1계명을 지키는 방법은 크게 세 가지, 곧 오직 하나님만 경배하고, 모든 형태의 우상을 타파하고 그리스도께로 돌아가는 것이다.[109]

십계명 제1계명은 성육신하신 그리스도께 그분이 마땅히 받으셔야 할 예배를 드리라고 요구한다. 그리스도께서는 "하나님과 사람 사이에" 있는 유일한 "중보자"이시고(딤전 2:5) "하나님의 영광의 광채시요 그 본체의 형상"이시다. 그분은 만민이 엎드려 경배해야 할 분이시다(빌 2:10-11).[110]

---

108) 칼빈, 『칼빈의 십계명 강해』, 41.
109) 드영, 『마음에 새겨야 할 하나님의 명령: 십계명』, 36.
110) 드영, 『마음에 새겨야 할 하나님의 명령: 십계명』, 46.

제2계명
너를 위하여 우상을 만들지 말고 섬기지 말라

:
:

십계명 제2계명은 자의적인 예배,
즉 하나님께서 요구하시는 방식이 아니라
우리가 선택하는 방식에 따라 예배드리는 것을 금한다.[111]

: 너를 위하여 우상을 만들지 말고 섬기지 말라

출 20:4-6 [4]너를 위하여 새긴 우상을 만들지 말고 또 위로 하늘에 있는 것이나 아래로 땅에 있는 것이나 땅 아래 물 속에 있는 것의 어떤 형상도 만들지 말며 [5]그것들에게 절하지 말며 그것들을 섬기지 말라 나 네 하나님 여호와는 질투하는 하나님인즉 나를 미워하는 자의 죄를 갚되 아버지로부터 아들에게로 삼사 대까지 이르게 하거니와 [6]나를 사랑하고 내 계명을 지키는 자에게는 천 대까지 은혜를 베푸느니라

---

111) 드영, 『마음에 새겨야 할 하나님의 명령: 십계명』, 52.

신 5:8-10 [8]너는 자기를 위하여 새긴 우상을 만들지 말고 위로 하늘에 있는 것이나 아래로 땅에 있는 것이나 땅밑 물 속에 있는 것의 어떤 형상도 만들지 말며 [9]그것들에게 절하지 말며 그것들을 섬기지 말라 나 네 하나님 여호와는 질투하는 하나님인즉 나를 미워하는 자의 죄를 갚되 아버지로부터 아들에게로 삼사 대까지 이르게 하거니와 [10]나를 사랑하고 내 계명을 지키는 자에게는 천 대까지 은혜를 베푸느니라

십계명의 서언(출 20:2)에서 하나님께서는 "나는 너를 애굽 땅, 종 되었던 집에서 인도하여 낸 네 하나님 여호와니라"라고 선언적으로 소개하신 후, 첫 번째 계명에서는 "너는 나 외에는 다른 신들을 네게 두지 말라"라고 말씀하셨다. 제1계명은 예배의 대상에 대한 말씀이다. 예배의 대상은 오직 여호와 하나님 한 분뿐이다. 두 번째 계명은 "하나님을 어떻게 경배하고 섬길 것인가?" 즉, 하나님께 드리는 합당한 예배의 방법에 대한 말씀이다.[112] 하나님께서는 제2계명에서 하나님을 대신하는 어떠한 형상이나 우상을 만들지 말며 또 그것들에게 절하지도 말고 그것들을 섬기지도 말라고 명령하신다.

하나님께서는 이스라엘 백성들에게 "십계명"(출 20장)을 주셨다. 또 하나님께서는 모세를 통해 십계명을 구체적으로 풀어 설명해 주셨다. 그것이 바로 출애굽기 21장-23장에 기록된 미쉬파팀(הַמִּשְׁפָּטִים, 율례들)이다. 미쉬파팀은 하나님께서 모세를 통해 십계명이 날마다 삶 속에서 어떻게 적용되고 실천되어야 하는가를 직접 설명해 주신 하나님의 말씀이다.[113] 십계명

---

112) 칼빈은 "제1계명에서 '누가 참 하나님이신가' 하는 것을 선언하고, 그 하나님께만 예배드릴 것을 명령하셨다. 이어서 제2계명에서는 무엇이 그분께 합당한 예배인가를 규정하고 있다."라고 말한다. John Calvin, *Commentaries on the Four Last Books of Moses: Arranged in the Form of A Harmony, vol. II* (Grand Rapids: Baker Book House, 2009), 106.
113) 권오윤, "출애굽기 20장-23장: 하나님의 계시로서의 언약서", 65.

을 제대로 이해하려면 먼저 십계명의 각 계명에 대해 주의 깊게 살펴보아야 한다. 그다음에 미쉬파팀을 통해 하나님께서 십계명의 각 계명을 어떻게 설명하시는가를 살펴보아야 한다. 이와 더불어 모세가 출애굽 2세대에게 시내 산 언약을 회상하며 설명하는 신명기서의 말씀들도 십계명의 진의를 이해하는 데 도움이 된다.

▌우상을 만들지 말고, 섬기지 말라

출 20:4-6 [4]너를 위하여 새긴 우상을 만들지 말고 또 위로 하늘에 있는 것이나 아래로 땅에 있는 것이나 땅 아래 물 속에 있는 것의 어떤 형상도 만들지 말며 [5]그것들에게 절하지 말며 그것들을 섬기지 말라 나 네 하나님 여호와는 질투하는 하나님인즉 나를 미워하는 자의 죄를 갚되 아버지로부터 아들에게로 삼사 대까지 이르게 하거니와 [6]나를 사랑하고 내 계명을 지키는 자에게는 천 대까지 은혜를 베푸느니라

하나님께서는 십계명 제2계명에서 두 가지를 금하셨다.[114] 하나님께서는 첫째, "너를 위하여 새긴 우상을 만들지 말라"라고 명하셨다. 둘째, 자연에 속한 것의 "어떤 형상도 만들지 말며, 그것들에게 절하지 말며 (לֹא־תִשְׁתַּחֲוֶה, 로-티쉬타흐베), 그것들을 섬기지 말라(לֹא תָעָבְדֵם, 로 타아브뎀)"라고 명하셨다.[115]

---

114) 보스, 『성경신학』, 154-55.

115) 우즈는 "첫째 계명이 다른 신들을 전반적으로 배제했기 때문에 이 계명에서 말하는 것은 여호와에 대한 물질적 표현일 수 있다."라고 바르게 지적하고 있으나 이어서 "그러나 9절에서 말하는 그것들의 본질적 선례를 7절에서 다룬 점에서는 둘째 계명이 7절의 첫째 계명을 확장한 것이라고 볼 수도 있다. 그러면 두 계명을 결합한 주장은 이스라엘이 그어떤 피조물의 형태이든, 형상이나 우상을 수단으로 여호와를 포함한 다른 신들에게 절하거나 섬기고자(예배하고자) 하는 모든 유혹이 명백히 금지되었음을 뜻하게 된다."라고 주장한다. 우즈, 『신명기 - 틴데일 구약주석 시리즈 5』, 162. 이렇게 볼 경우, 유대교나 카톨릭이 주장하는 바와 같이 제1계명과 제2계명을 하나의 계명으로 보는 것과 별반

תִּשְׁתַּחֲוֶה(티쉬타흐베)는 שָׁחָה(샤하)의 히트파엘형으로 "절하다, 엎드리다, 경배하다"라는 뜻이다. תָעָבְדֵם(타아브뎀)은 עָבַד(아바드)의 홉알형으로 "섬기다, 예배하다"라는 뜻이다. 절하고 섬기는 것은 경건한 예배를 의미하는 중언법(hendiadys)적 표현이다.[116] 하나님께서는 하나님을 우상처럼 만들거나, 피조물을 형상화하여 하나님처럼 절하고 섬기는 것을 금하셨다. 마르틴 노트는 십계명 제2계명에 대해 다음과 같이 말하였다.

> 우상에 대한 금지 명령은 … 이스라엘의 합법적인 예배를 위하여 만들어질 것으로 우려되는 그러한 형상을 두고 말한 것이다.[117]

▌질투하시는 하나님[118]

하나님께서는 하나님을 표현하는 것일지라도 하나님을 우상화하거나 형상화하지 말라고 명하신다. 하나님께서는 우상을 만들고, 그것에게 절을 하거나 섬기는 자들은 "하나님을 미워하는 자"라고 단호하게 말씀하신다. "하나님께서는 자신을 어떠한 동참자도 용인할 수 없는 "질투하는 하나님"이라고 부르신다."[119]

다르지 않게 된다는 점에서 보다 분명한 해석이 필요하다.

116) 김선종, 『떨불 속 두 돌판: 십계명의 신학과 윤리』 (서울: 기독교문서선교회, 2020), 114. 성경에서는 어떤 것에 대해 강조하고자 할 때 같은 의미가 있는 다른 단어를 중복으로 사용하거나 나열하는 경우가 많이 있다. 이런 언어유희 방법을 중언법(重言法, hendiadys) 이라고 한다.

117) 노트, 『국제성서주석: 출애굽기』, 194.

118) 출애굽기 34:14(너는 다른 신에게 절하지 말라 여호와는 질투라 이름하는 질투의 하나님 임이니라)에서는 "질투하시는 하나님"이라는 표현이 십계명 제1계명에 이어서 나온다. 출애굽기에서 제1계명과 제2계명이 서로 긴밀하게 연결되어 있음을 알 수 있다.

119) 칼빈, 『기독교강요』, II, 8. 18.

질투는 언약 관계에서 자주 등장하는 단어다. 이 단어는 특히 결혼 관계에서의 질투, 부부 사이의 질투를 의미하는 것이다.[120] 하나님께서 우상을 만들고 그것을 섬기는 자들에 대해 질투하시는 이유는, 우상 숭배가 마치 간음한 배우자가 결혼서약을 파괴하는 것과 같이 하나님과 그의 백성들 사이의 언약을 파기하기 때문이다.[121] 부르크너는 이스라엘 자손은 그들을 "값 주고 사신" 하나님께 속해 있기 때문에 하나님의 질투는 정당한 것이라고 한다.[122]

하나님께서는 나를 미워하는 자의 죄를 갚되 아비로부터 아들에게로 삼 사 대까지 이르게 하거니와 나를 사랑하고 내 계명을 지키는 자에게는 천 대까지 은혜(חֶסֶד, 헤세드)[123]를 베푸시겠다고 말씀하신다. 어떤 사람들은 이 구절을 근거로 "가계에 흐르는 저주를 끊어야 산다."라고 주장한다.[124] 그러나 성경은 신명기 24:16에서 다음과 같이 분명하게 말씀한다.

> **신 24:16** 아버지는 그 자식들로 말미암아 죽임을 당하지 않을 것이요 자식들은 그 아버지로 말미암아 죽임을 당하지 않을 것이니 각 사람은 자기 죄로 말미암아 죽임을 당할 것이니라

---

120) 보스, 『성경신학』, 155.

121) 우즈는 "여호와의 질투 개념은 무엇보다도, 실제로는 하나님이 아닌 것이고 허무한 것이며, 귀신들에 지나지 않는 경쟁 신들을 향한 경배를 금지하는 것과 연관되어 있다."라고 말한다. 우즈, 『신명기: 틴데일 구약주석 시리즈 5』, 162-63.

122) 브루크너, 『출애굽기』, 292.

123) חֶסֶד의 가장 좋은 번역은 "끊임없는 사랑"이다. 이 말은 종종 "변함없는 사랑"으로 번역된다. 브루크너, 『출애굽기』, 291.

124) 국내에서는 메릴린 히키의 『가계에 흐르는 저주를 끊어야 산다』라는 책을 통해 소개되었다.

성경은 "가계에 흐르는 저주"라는 개념 자체를 허용하지 않는다.

> **렘 31:29-30** [29] 그 때에 그들이 말하기를 다시는 아버지가 신 포도를 먹었으므로 아들들의 이가 시다 하지 아니하겠고 [30] 신 포도를 먹는 자마다 그의 이가 신 것 같이 누구나 자기의 죄악으로 말미암아 죽으리라

다른 사람의 죄 때문에 무죄한 사람을 처벌하는 것은 하나님의 정의와 공정성에 위배된다. 하나님께서는 누구나 다 자기의 죄악은 자기가 책임지게 하셨다.

> **겔 18:20** 범죄하는 그 영혼은 죽을지라 아들은 아버지의 죄악을 담당하지 아니할 것이요 아버지는 아들의 죄악을 담당하지 아니하리니 의인의 공의도 자기에게로 돌아가고 악인의 악도 자기에게로 돌아가리라

에스겔서에서 하나님께서는 아들은 아버지의 죄악을, 아버지는 아들의 죄악을 담당하지 아니할 것이라고 분명하게 선언하셨다(겔 18:20; 왕하 14:1-6; 대하 25:1-4 참조).[125]

따라서 출애굽기 20:5-6을 근거로 아버지의 죄악으로 인해 자손들이 벌을 받는다고 주장할 수 없다. 하나님께서는 죄를 미워하신다. 그런데 죄에 대한 심판은 삼 사대로 제한이 되지만 하나님을 사랑하고 섬기는 자들에게는 천 대까지 은혜를 베풀어 주신다.[126] 이것은 하나님께서 심판보다는 은

---

125) 칼빈, 『기독교강요』, II, 8. 19.

126) 칼빈, 『기독교강요』, II, 8. 21; 아란 콜은 "천 대까지란 단어는 영어의 무수한(myriads)과 같이 불명료한 의미로 사용된다. 즉, 하나님께서 보여주는 자비의 무한함의 정도를 나타내는 말이다."라고 한다. "천대"까지라는 말은 "무한히 또는 끝없이"라는 의미이다. R. Alan Cole, *Exodus: An Introduction and Commentary* (Leicester: Intervarsity Press, 1973), 156-57.

혜가 넘치는 분이시라는 사실을 강조하는 표현이다.[127] 하나님은 "자비롭고 은혜롭고 노하기를 더디하고 인자와 진실이 많은 하나님"(출 34:6)이시다.

> 출애굽기 20:6의 문맥은 심지어 한 세대나 다른 세대가 하나님의 은혜(사랑)에 부응하지 못하더라도, 하나님이 이스라엘 자손에게 주신 약속과 언약에 끊임없이 충실하실 것이라는 뜻을 포함하고 있다. … 하나님은 피조물이나 자신들의 구속을 기억하는 자들을 결코 저버리지 않으실 것이다.[128]

이는 신명기 7:9-11을 보면 명확하다.

> **신 7:9-11** [9]그런즉 너는 알라 오직 네 하나님 여호와는 하나님이시요 신실하신 하나님이시라 그를 사랑하고 그의 계명을 지키는 자에게는 천 대까지 그의 언약을 이행하시며 인애를 베푸시되 [10]그를 미워하는 자에게는 당장에 보응하여 멸하시나니 여호와는 자기를 미워하는 자에게 지체하지 아니하시고 당장에 그에게 보응하시느니라 [11]그런즉 너는 오늘 내가 네게 명하는 명령과 규례와 법도를 지켜 행할지니라

하나님께서는 그를 사랑하고 그의 계명을 지키는 자에게는 천 대까지 인애를 베푸시고 그의 언약을 이행하시는 신실하신 하나님이시다. 반면에 그를 미워하는 자, 우상을 만들고 형상을 만들어 절하고 섬기는 자에게 지체하지 아니하시고 보응하여 멸하시는 하나님이시다(민 14:18 참조). 하나님께서는 "나는 질투하는 하나님"이라고까지 하시면서 하나님을 바르게 섬기라고 말씀하신다. 따라서 모세는 이스라엘 백성들에게 "그런즉 너는 오늘

---

127) William H. C. Propp, *Exodus 19-40* (Anchor Yale Bible Commentary) (New York: Doubleday, 2006), 173; 이승구, 『하이델베르크 요리문답 강해시리즈 3: 위로받은 성도의 삶』, 91-92; 김회권, 『하나님 나라 신학으로 읽는 모세오경』 (서울: 복있는사람, 2017), 572 참조.

128) 브루크너, 『출애굽기』, 291-92.

내가 네게 명하는 명령과 규례와 법도를 지켜 행할지니라"라고 강력하게 호소한다.

⋮ 미쉬파팀의 규정

하나님께서는 첫 번째 계명에서 오직 하나님만을 예배하라고 명령하셨고, 두 번째 계명에서는 하나님께서 받으시는 합당한 예배가 무엇인가를 말씀하셨다.[129] 십계명 제2계명은 출애굽기 20:22-26에서 반복, 확장된다.

▌우상 금지의 의도

> **출 20:22-26** [22]여호와께서 모세에게 이르시되 너는 이스라엘 자손에게 이같이 이르라 내가 하늘로부터 너희에게 말하는 것을 너희 스스로 보았으니 [23]너희는 나를 비겨서 은으로나 금으로나 너희를 위하여 신상을 만들지 말고 [24]내게 토단을 쌓고 그 위에 네 양과 소로 네 번제와 화목제를 드리라 내가 내 이름을 기념하게 하는 모든 곳에서 네게 임하여 복을 주리라 [25]네가 내게 돌로 제단을 쌓거든 다듬은 돌로 쌓지 말라 네가 정으로 그것을 쪼면 부정하게 함이니라 [26]너는 층계로 내 제단에 오르지 말라 네 하체가 그 위에서 드러날까 함이니라

하나님께서는 하나님을 예배할 때 "나를 비겨서"(אִתִּי, 이티) 은이나 금으로 신상을 만들지 말라고 명하신다. 또 토단이나 정으로 다듬지 않은 돌로 제단을 만들어 제물을 드리라고 명하신다. 이는 하나님께 드리는 예배에 인위적인 요소를 가미하지 말라는 것이다. 하나님께 드리는 예배는 하나님께서 가르쳐 주신 방식대로 드려야 한다.

---

129) Calvin, *Commentaries on the Four Last Books of Moses*, vol. II, 106-15.

나를 비겨서

　여호와 하나님께서는 이스라엘 백성들에게 너희는 "나를 비겨서" 신상을 만들지 말라고 명하신다(출 20:23). 신상을 만들지 말라는 하나님의 의도는 무엇인가? "나를 비겨서"라는 말이 하나님을 형상화하는 것에 대한 금지인가? 아니면 다른 우상의 형상을 만드는 것에 대한 금지인가?

　많은 사람이 제2계명이 금하는 "우상"이나 "신상"은 하나님의 형상이 아니라 이방 신들의 형상을 가리킨다고 주장한다. 왜냐하면 하나님께서 자기 자신의 형상에 대해 질투하지는 않으실 것이기 때문이다.[130]

　출애굽기 20:23에 있는 אתי라는 말은 "나를 비겨서"(개역, 개역개정), "나와 함께"(KJV, 공동번역: "내 곁에"), "나 외에"(바른성경), 또는 "내 앞에"(ASV, NIV, RSV) 등으로 다양하게 번역되었다. 특히 바른성경이나 표준새번역은 "하나님 이외에 다른 신들의 형상"을 만드는 것으로 번역하였다. 그러나 성경적인 문맥에서 볼 때 출애굽기 20:23에 있는 אתי는 "나를 비겨서", 즉 하나님을 형상화하는 것에 대한 금지 명령으로 보는 것이 타당하다.[131] 모세는 신명기 4장에서 이에 대한 이유를 명확하게 설명한다.

---

130) 우즈, 『신명기 - 틴데일 구약주석 시리즈 5』, 162.

131) 크뤼제만, 『자유의 보존, 사회사적 관점에서 본 십계명의 주제』, 59.

신 4:10-24 [10]네가 호렙 산에서 네 하나님 여호와 앞에 섰던 날에 여호와께서 내게 이르시기를 나에게 백성을 모으라 내가 그들에게 내 말을 들려주어 그들이 세상에 사는 날 동안 나를 경외함을 배우게 하며 그 자녀에게 가르치게 하리라 하시매 [11]너희가 가까이 나아와서 산 아래에 서니 그 산에 불이 붙어 불길이 충천하고 어둠과 구름과 흑암이 덮였는데 [12]여호와께서 불길 중에서 너희에게 말씀하시되 음성뿐이므로 너희가 그 말소리만 듣고 형상은 보지 못하였느니라 [13]여호와께서 그의 언약을 너희에게 반포하시고 너희에게 지키라 명령하셨으니 곧 십계명이며 두 돌판에 친히 쓰신 것이라 [14]그 때에 여호와께서 내게 명령하사 너희에게 규례와 법도를 교훈하게 하셨나니 이는 너희가 거기로 건너가 받을 땅에서 행하게 하려 하심이니라 [15]여호와께서 호렙 산 불길 중에서 너희에게 말씀하시던 날에 너희가 어떤 형상도 보지 못하였은즉 너희는 깊이 삼가라 [16]그리하여 스스로 부패하여 자기를 위해 어떤 형상대로든지 우상을 새겨 만들지 말라 남자의 형상이든지, 여자의 형상이든지, [17]땅 위에 있는 어떤 짐승의 형상이든지, 하늘을 나는 날개 가진 어떤 새의 형상이든지, [18]땅 위에 기는 어떤 곤충의 형상이든지, 땅 아래 물 속에 있는 어떤 어족의 형상이든지 만들지 말라 [19]또 그리하여 네가 하늘을 향하여 눈을 들어 해와 달과 별들, 하늘 위의 모든 천체 곧 너희의 하나님 여호와께서 천하 만민을 위하여 배정하신 것을 보고 미혹하여 그것에 경배하며 섬기지 말라 [20]여호와께서 너희를 택하시고 너희를 쇠 풀무불 곧 애굽에서 인도하여 내사 자기 기업의 백성을 삼으신 것이 오늘과 같아도 [21]여호와께서 너희로 말미암아 내게 진노하사 내게 요단을 건너지 못하며 네 하나님 여호와께서 네게 기업으로 주신 그 아름다운 땅에 들어가지 못하게 하리라고 맹세하셨은즉 [22]나는 이 땅에서 죽고 요단을 건너지 못하려니와 너희는 건너가서 그 아름다운 땅을 얻으리니 [23]너희는 스스로 삼가 너희의 하나님 여호와께서 너희와 세우신 언약을 잊지 말고 네 하나님 여호와께서 금하신 어떤 형상의 우상도 조각하지 말라 [24]네 하나님 여호와는 소멸하는 불이시요 질투하시는 하나님이시니라

모세는 하나님께서 시내 산에서 이스라엘 백성들과 언약을 맺으시며 십계명을 주셨을 때 "여호와께서 불길 중에서 너희에게 말씀하시되 음성뿐이므로 너희가 그 말소리만 듣고 형상은 보지 못하였느니라"(신 4:12)라고

말한다. 그리고 모세는 아무 우상이나 아무 형상을 만들지 말아야 하는 이유를 다음과 같이 설명한다.

> **신 4:15** 여호와께서 호렙 산 불길 중에서 너희에게 말씀하시던 날에 너희가 어떤 형상도 보지 못하였은즉 너희는 깊이 삼가라

호렙 산은 시내 산의 다른 이름이다. 시내 산은 하나님께서 이스라엘 백성들에게 직접 하나님의 뜻을 계시하신 장소이며 이스라엘 백성들이 하나님과 언약을 맺은 장소이다. 성경은 시내 산에서조차 하나님께서 자기의 형상을 사람들에게 보여 주지 아니하셨으므로 누구도 보지 못한 하나님의 형상을 그 어떠한 모양으로도 만들지 말라고 말씀한다. 하나님께서는 남녀의 형상이든지, 땅 위에 있는 것이든지, 하늘에 있는 것이든지, 땅 아래 물 속에 있는 것이든지 어떤 형상도 만들지 말라고 말씀하신다.

> 하나님은 우상을 통한 예배를 거부하신다.[132]

또한 하나님 여호와께서 천하 만민을 위하여 배정하신 해와 달과 별들을 보고 미혹하여 "경배하며 섬기지 말라"(וְהִשְׁתַּחֲוִיתָ לָהֶם וַעֲבַדְתָּם, 베히쉬타하비다 라헴 바아바데탐, "그것에 절하고 섬기지 말라")[133]라고 말씀하신다(신 4:16-19). 하나님께서는 그가 창조하신 피조물을 높여 하나님처럼 절하고 섬기지 말 것을 명하신다.

---

132) 라이큰, 『돌판에 새긴 말씀: 십계명과 오늘날의 도덕적 위기』, 29.

133) 출애굽기 20:5의 십계명 제2계명, לֹא־תִשְׁתַּחֲוֶה לָהֶם וְלֹא תָעָבְדֵם(로-티쉬타흐베 라헴 베로 타아브뎀, 너는 그것에 절하지 말고 섬기지 말라)과 동일한 동사가 사용되었다.

이 계명이 요구하는 것은 다른 신들의 존재를 부정하는 것이 아니라, 그 신들이 이스라엘 백성들에게 신적인 권위를 갖는 존재가 되어서는 안 된다는 것을 강조하는 강력한 표현으로 보아야 한다.[134]

결론적으로 제2계명은 하나님을 우리가 원하는 하나의 상, 제한된 상에 가두어 놓아서는 안 된다는 교훈을 준다.[135]

┃ 우상을 만드는 이유

하나님께서 우상이나 형상을 만들지 말라고 하시는데 사람들이 하나님을 형상화하는 이유는 무엇인가? 하나님께서는 그 이유를 두 가지로 지적하신다.

출 20:4 너를 위하여 새긴 우상을 만들지 말고 또 위로 하늘에 있는 것이나 아래로 땅에 있는 것이나 땅 아래 물 속에 있는 것의 어떤 형상도 만들지 말며

신 4:15-19 [15]여호와께서 호렙 산 불길 중에서 너희에게 말씀하시던 날에 너희가 어떤 형상도 보지 못하였은즉 너희는 깊이 삼가라 [16]그리하여 스스로 부패하여 자기를 위해 어떤 형상대로든지 우상을 새겨 만들지 말라 남자의 형상이든지, 여자의 형상이든지, [17]땅 위에 있는 어떤 짐승의 형상이든지, 하늘을 나는 날개 가진 어떤 새의 형상이든지, [18]땅 위에 기는 어떤 곤충의 형상이든지, 땅 아래 물 속에 있는 어떤 어족의 형상이든지 만들지 말라 [19]또 그리하여 네가 하늘을 향하여 눈을 들어 해와 달과 별들, 하늘 위의 모든 천체 곧 너희의 하나님 여호와께서 천하 만민을 위하여 배정하신 것을 보고 미혹하여 그것에 경배하며 섬기지 말라

---

134) 박요한, 『십계명』, 29.
135) 김선종, 『덤불 속 두 돌판: 십계명의 신학과 윤리』, 120.

출 20:22-26 ²²여호와께서 모세에게 이르시되 너는 이스라엘 자손에게 이같이 이르라 내가 하늘로부터 너희에게 말하는 것을 너희 스스로 보았으니 ²³너희는 나를 비겨서 은으로나 금으로나 너희를 위하여 신상을 만들지 말고 ²⁴내게 토단을 쌓고 그 위에 네 양과 소로 네 번제와 화목제를 드리라 내가 내 이름을 기념하게 하는 모든 곳에서 네게 임하여 복을 주리라 ²⁵네가 내게 돌로 제단을 쌓거든 다듬은 돌로 쌓지 말라 네가 정으로 그것을 쪼면 부정하게 함이니라 ²⁶너는 층계로 내 제단에 오르지 말라 네 하체가 그 위에서 드러날까 함이니라

첫째, 하나님께서는 사람들이 "자기를 위하여"(출 20:4; 20:23; 신 4:16; 참고: 신 9:12, 16) 우상을 만들고 형상을 만든다고 지적하신다. 사람들이 하나님을 형상화하는 것은 하나님을 위한 것이 아니라 "자기를 위하여", 하나님을 자기 곁에 두려는 지극히 이기적인 동기에서 기인한다. 강영안은 제2계명의 의미에 대해 다음과 같이 말하였다.

> 제2계명은 하나님을 어떤 형상으로든지 만들지 말라는 계명이다. 이는 우리 눈으로 볼 수 있는 모습을 하나님께 부여해서 한 장소에 위치시키려는, 나아가 우리 마음대로 조정해서 우리 욕구를 충족하고자 하는 근본 욕구를 보여 주는 계명이다.¹³⁶⁾

둘째, 하나님께서는 사람들이 "스스로 부패하여"(신 4:16, 참고: 신 9:12) 형상을 만들고, 우상을 만든다고 지적하신다. 하나님은 영이시다. 그런데 부패한 인생은 보이지 아니하는 하나님을 형상화한다. 이는 창조주 하나님에 대한 온전한 믿음이 없기 때문이다. 하나님을 형상화하는 것은 영이신 하나님을 인간의 수준으로 끌어내리고 제한하는 결과를 초래한다.

---

136) 강영안, 『강영안 교수의 십계명 강의』 (서울: 한국기독학생회출판부(IVP), 2009), 204.

인간이 세운 조상(彫像)과 하나님을 나타내려고 그린 화상(畵像)은 모두가 하나님의 위엄을 욕되게 하는 것이기 때문에 하나님의 마음을 불쾌하게 만들 뿐이다.[137]

칼빈은 "하나님께 대해 사람이 만드는 보이는 형상은 하나님의 본성과 완전히 반대가 되며 따라서 우상이 나타나면 즉시 진정한 경건이 부패하며 타락한다."라고 말한다.[138]

▌절하고 섬기지 말라

제2계명은 하나님을 예배하는 방법에 대한 말씀이다. 하나님께서는 하나님의 방법으로 하나님을 섬기며 예배하기를 원하신다. 하나님께서는 형상이 아니라 말씀으로 자신을 계시하셨다. 하나님께서는 형상이 아니라 말씀을 순종함으로 경배받기를 원하신다. 하나님께서는 하나님을 섬기고 하나님을 예배하기 위해 형상을 만드는 것을 철저하게 금하셨다.[139]

> **출 23:24-26** [24]너는 그들의 신을 경배하지 말며 섬기지 말며 그들의 행위를 본받지 말고 그것들을 다 깨뜨리며 그들의 주상을 부수고 [25]네 하나님 여호와를 섬기라 그리하면 여호와가 너희의 양식과 물에 복을 내리고 너희 중에서 병을 제하리니 [26]네 나라에 낙태하는 자가 없고 임신하지 못하는 자가 없을 것이라 내가 너의 날 수를 채우리라

그뿐만 아니라 하나님께서는 이스라엘 백성들에게 이방 신들을 경배하지 말며 섬기지 말라고 명하신다. 더 나아가 그들의 행위를 본받지 말고 그것들을 다 깨뜨리며 그들의 주상을 부수고 오직 너의 하나님 여호와만을 섬기라고 말씀하신다(출 23:24).

---

137) 칼빈, 『기독교강요』, I, 11. 2.
138) 칼빈, 『기독교강요』, II, 8. 17.
139) 이승구, 『하이델베르크 요리문답 강해시리즈 3: 위로받은 성도의 삶』, 86-87을 보라.

이사야 선지자는 우상이란 장인이 귀금속을 부어 만들거나 장색이 금을 입히고 은 사슬로 치장한 수공품일 뿐이라고 지적한다(사 40:19). 시편 115편은 하나님과 사람들이 만든 우상에 대해 다음과 같이 비교하여 설명한다.

시 115:3-13 ³오직 우리 하나님은 하늘에 계셔서 원하시는 모든 것을 행하셨나이다
⁴그들의 우상들은 은과 금이요 사람이 손으로 만든 것이라
⁵입이 있어도 말하지 못하며 눈이 있어도 보지 못하며
⁶귀가 있어도 듣지 못하며 코가 있어도 냄새 맡지 못하며
⁷손이 있어도 만지지 못하며 발이 있어도 걷지 못하며
목구멍이 있어도 작은 소리조차 내지 못하느니라
⁸우상들을 만드는 자들과 그것을 의지하는 자들이 다 그와 같으리로다
⁹이스라엘아 여호와를 의지하라
그는 너희의 도움이시요 너희의 방패시로다
¹⁰아론의 집이여 여호와를 의지하라
그는 너희의 도움이시요 너희의 방패시로다
¹¹여호와를 경외하는 자들아 너희는 여호와를 의지하여라
그는 너희의 도움이시요 너희의 방패시로다
¹²여호와께서 우리를 생각하사(זְכָרָנוּ) 복을 주시되
이스라엘 집에도 복을 주시고
아론의 집에도 복을 주시며
¹³높은 사람이나 낮은 사람을 막론하고
여호와를 경외하는 자들에게 복을 주시리로다

우상은 사람이 손으로 만든 수공품에 불과하다. 우상은 입이 있어도 말하지 못하며, 눈이 있어도 보지 못하며, 귀가 있어도 듣지 못하며, 코가 있어도 냄새 맡지 못하며, 손이 있어도 만지지 못하며, 발이 있어도 걷지 못하며, 목구멍이 있어도 작은 소리조차 내지 못한다(시 115:4-8). 드영은 이 세상의 신들은 단지 "신"이라 일컬어지는 허구, 곧 존재론적인 실종이 없는

허상일 뿐이라고 지적한다.[140] 그러나 하늘에 계신 하나님께서는 원하시는 모든 것을 행하시는 전능하신 하나님이시다. 하나님께서는 그를 의지하는 자를 도와주시고 지켜 주시는 살아계신 하나님이시다. 지위 고하를 막론하고 하나님을 경외하는 자를 기억하시고(זְכָרָנוּ, 제카라누, "그가 우리를 기억하셨다") 복을 주시는 하나님이시다. 시편 저자는 이러한 내용을 세 번씩 반복하며 최상급으로 강조한다(시 115:9-12).

하나님께서는 사람이 손으로 만든 우상에게 절하고 그것들을 섬기는 어리석은 짓을 하지 말라고 말씀하신다. 그런데 이스라엘 백성들이 어떻게 했는가?

하나님께서는 시내 산에서 이스라엘 백성들을 향하신 하나님의 뜻을 모세를 통하여 알려주셨다. 모세는 하나님께서 주신 "그 모든 말씀"(출 20장)과 "그 모든 율례"(출 21장-23장)를 이스라엘 백성들에게 전하였고, 이스라엘 백성들은 한목소리로 "여호와께서 말씀하신 모든 것을 우리가 준행하리이다"라고 서약하였다(출 24:3). 이스라엘 백성들에게 하나님의 모든 말씀을 전달하고 언약체결의식을 거행한 후 모세는 여호수아와 함께 하나님의 산(시내 산)에 올라가서 성막 건축에 대한 하나님의 말씀을 받았다. 그런데 모세가 시내 산에 사십 주야를 거하면서 내려오는 것이 지체되자 이스라엘 백성들은 동요하기 시작했다.

> **출 32:1** 백성이 모세가 산에서 내려옴이 더딤을 보고 모여 백성이 아론에게 이르러 말하되 일어나라 우리를 위하여 우리를 인도할 신을 만들라 이 모세 곧 우리를 애굽 땅에서 인도하여 낸 사람은 어찌 되었는지 알지 못함이니라

---

140) 드영, 『마음에 새겨야 할 하나님의 명령: 십계명』, 37.

이스라엘 백성들은 아론에게 "우리를 위하여 우리를 인도할 신을 만들라"라고 요구했다. 하나님께서 분명히 "나를 비겨서" 우상을 만들지 말라고 말씀하셨음에도 불구하고, 그들은 눈에 보이는 것으로 위안을 얻으려고 했다.

> **출 32:2-4** [2] 아론이 그들에게 이르되 너희의 아내와 자녀의 귀에서 금 고리를 빼어 내게로 가져오라 [3] 모든 백성이 그 귀에서 금 고리를 빼어 아론에게로 가져가매 [4] 아론이 그들의 손에서 금 고리를 받아 부어서 조각칼로 새겨 송아지 형상을 만드니 그들이 말하되 이스라엘아 이는 너희를 애굽 땅에서 인도하여 낸 너희의 신이로다 하는지라

아론은 금 고리를 모아 하나님을 형상화한 우상을 만들었다. 그리고 이스라엘 백성들에게 말하였다: "이는 너희를 애굽 땅에서 인도하여 낸 너희의 신이로다".

하나님께서는 모세에게 이스라엘 백성들이 금송아지를 만든 원인에 대해 다음과 같이 말씀하셨다.

> **신 9:12-14** [12] 내게 이르시되 일어나 여기서 속히 내려가라 네가 애굽에서 인도하여 낸 네 백성이 스스로 부패하여 내가 그들에게 명령한 도를 속히 떠나 자기를 위하여 우상을 부어 만들었느니라 [13] 여호와께서 또 내게 말씀하여 이르시되 내가 이 백성을 보았노라 보라 이는 목이 곧은 백성이니라 [14] 나를 막지 말라 내가 그들을 멸하여 그들의 이름을 천하에서 없애고 너를 그들보다 강대한 나라가 되게 하리라 하시기로

하나님께서는 모세에게 출애굽 한 이스라엘 백성들이 스스로 부패하여 하나님께서 그들에게 명령하신 도를 속히 떠나 자기를 위하여 우상을 부

어 만들었다고 말씀하셨다. 그리고 또 하나님께서는 이스라엘 백성들을 "목이 곧은 백성"이라고 하시면서 그들을 멸하여 그들의 이름을 천하에서 없애버리시겠다고 말씀하셨다.

> 하나님께서는 자기 백성들이 말 못 하는 우상을 통해서가 아니라 하나님의 말씀에
> 대한 살아있는 설교를 통해 가르침을 받기를 원하신다.[141]

모세는 이스라엘 백성들이 자기를 위하여 금송아지를 만든 것은 여호와의 명령을 저버린 범죄임을 분명하게 지적했다(신 9:16). 십계명 제1계명은 이방 종교의 제의적 상징(가시적 형상, 우상)을 통해서도 여호와 예배가 이루어질 수 있다는 생각을 폐기하라는 하나님의 요구이다.[142]

---

141) 하이델베르크 소요리문답 98문. 코르넬리스 프롱크, 『하이델베르크 교리문답으로 보는 십계명』, 임정민 역 (수원: 그책의사람들, 2013), 42.
142) 김이곤, 『출애굽기의 신학』, 206.

⁝ 제2계명의 확장

하나님은 형상이 아니라 말씀을 통하여 자신을 계시하셨다(신 4:14-15). 하나님께서는 형상을 섬김으로써가 아니라 하나님의 말씀을 순종함으로 경배받기를 원하신다. 제2계명은 하나님을 예배하기 위해 형상을 만드는 것을 금지한다. 어떤 우상의 유혹도 피하고 오직 하나님만을 예배하도록 하는 단순성이 강조된다.

> 믿음은 들음에서 나온다(롬 10:17). 그것이 하나님께서 선택하신 방법이다. 하나님은 그런 식으로 자신을 나타내기로 결정하셨다. … 기독교의 예배는 화려한 시각적 연출이 아니라 말씀으로 이루어진다. 만일 하나님께서 예배 중에 그분을 볼 수 있게 하려고 의도하셨다면 시내 산에서 그런 식으로 나타내지 아니하셨을 것이다. 하나님께서 십계명을 주시기 위해서 스스로를 나타내신 방법은 십계명을 지키는 방식과도 밀접한 관계가 있다.[143]

어떤 식으로든 하나님의 형상을 만들거나 하나님께서 말씀으로 명하신 것과 다른 방식으로 하나님을 예배하는 일을 절대로 하지 말아야 한다.

그렇다면 눈에 보이지 아니하시는 하나님, 영이신 하나님을 우리가 어떻게 섬겨야 하는가? 예수님께서 우리가 영이신 하나님을 어떻게 예배해야 하는지를 말씀해 주셨다.

> **요 4:24** 하나님은 영이시니 예배하는 자가 영과 진리로($\dot{\epsilon}\nu\ \pi\nu\epsilon\acute{\upsilon}\mu\alpha\tau\iota\ \kappa\alpha\grave{\iota}\ \dot{\alpha}\lambda\eta\theta\epsilon\acute{\iota}\alpha$) 예배할지니라

---

143) 드영, 『마음에 새겨야 할 하나님의 명령: 십계명』, 57.

ἐν πνεύματι καὶ ἀληθείᾳ(엔 프뉴마티 카이 알레떼이아)는 "성령과 진리 안에서"라고 번역할 수 있다. 즉 "성령 안에서, 진리(말씀)[144] 안에서"(in Spirit and in truth) 예배를 드리라는 말이다. 진리(말씀) 안에서 예배드린다는 것은 하나님께서 말씀을 통해 우리에게 보여 주신 예배의 방법을 따라야 한다는 뜻이다. 우리는 하나님께서 우리에게 말씀하신 것과 다른 방법으로 예배해서는 안 된다.

> 하나님을 우리들이 생각하는 좋은 방법으로 섬기면 되는 것이 아니고, 하나님께서 제시하신 방법에 따라서 섬겨야 한다는 것을 분명히 제시하는 계명이다.[145]

또 바른 예배는 말씀에 대한 순종이 있어야 한다. 하나님께서 받으시는 예배는 성령의 감동하심을 받아 말씀에 순종하며 드리는 예배이다. 이것이 결여되면 돌로 만든 우상 앞에서, 썩어가는 고목 앞에서, 혹은 뒷마당 장독대 위에 정한수 올려놓고 그 앞에서 비는 무속 신앙과 하나도 다를 것이 없다. 하나님께 드리는 바른 예배는 성령 안에서, 말씀 안에서 드리는 예배이다. 즉, 바른 예배는 성령의 감동하심을 받아 말씀대로 순종하는 믿음과 삶이 수반되어야 한다.

---

144) "그들을 진리로 거룩하게 하옵소서 아버지의 말씀은 진리니이다"(요 17:17)
145) 이승구, 『하이델베르크 요리문답 강해시리즈 3: 위로받은 성도의 삶』, 96.

제3계명

여호와의 이름을 망령되게 부르지 말라

:

우리는 하나님의 이름으로 저주하거나, 욕하지 말아야 하고,
그의 이름을 미신적으로 부르거나, 거짓말을 하거나,
속이는데 사용하지 말아야 하며,
어떤 문제에 직면해서도 기도하고, 찬양하고, 감사하는데
그의 이름을 부름으로써 하나님을 경외하고 사랑해야 한다.[146]

십계명 제1계명은 예배의 대상에 대한 말씀이다. 하나님께서는 출애굽한 이스라엘 백성들에게 하나님 나라 거룩한 백성으로서 오직 여호와 하나님 한 분만을 경배하고 예배하라고 말씀하신다. 제2계명은 예배의 방법에 대한 말씀이다. 하나님께서는 하나님을 섬기고 하나님을 예배하기 위해 형상을 만들지 말라고 명하셨다. 하나님은 형상을 통해서가 아니라 하나님의 말씀을 순종함으로 경배받기를 원하신다. 그뿐만 아니라 하나님께서는 이스라엘 백성들에게 "이방 신들을 숭배하지 말며 섬기지 말라"라고 말씀하시면서 "그들의 행위를 본받지 말고 그것들을 다 깨뜨리며 그들의

---

146) 루터, 『소요리문답』 제3문.

주상을 부수고 네 하나님 여호와를 섬기라"(출 23:24-26)라고 말씀하셨다.

십계명 제3계명은 예배를 드리는 자의 태도에 대한 하나님의 명령이다.

: 네 하나님 여호와의 이름을 망령되게 부르지 말라

출 20:7 너는 네 하나님 여호와의 이름을 망령되게 부르지 말라 여호와는 그
의 이름을 망령되게 부르는 자를 죄 없다 하지 아니하리라

신 5:11 너는 네 하나님 여호와의 이름을 망령되이 일컫지 말라 나 여호와는
내 이름을 망령되이 일컫는 자를 죄 없는 줄로 인정하지 아니하리라

하나님께서는 십계명 제3계명에서 "여호와의 이름을 망령되게 부르지
말라"라고 명하셨다. 문자적으로는 너의 하나님 여호와의 이름을 헛되이
"들어 올리지 말라"(לֹא תִשָּׂא, 로 티사)[147]이다. 탈굼은 출애굽기 20:7 상반절
을 "너희 하나님 여호와의 이름으로 거짓 맹세를 하지 말라"라고 번역하였
다.[148] 그 이유는 לֹא תִשָּׂא에서 동사 תִשָּׂא(나사)를 "맹세"라는 말과 동의어로
간주하기 때문이다. 탈굼은 제3계명을 레위기 19:12과 같이 "하나님의 이
름으로 헛된 맹세, 거짓 맹세하는 것을 금하는 것"으로 이해한다.

레 19:12 너희는 내 이름으로 거짓 맹세함으로 네 하나님의 이름을 욕되게 하
지 말라 나는 여호와이니라

---

147) 브루크너, 『출애굽기』, 293.

148) Israel Drazin, Stanley M. Wagner, *Onkelos On the Torah: Understanding the Bible Text
Exodus*, 125.

그러나 נָשָׂא가 "맹세"를 의미하는 것은 יָד, נָשָׂא(나사 야드, "손을 들다 = 맹세하다")와 같이 표현될 경우이다(민 14:30; 신 32:40; 겔 20:5, 6, 15, 23, 28, 42; 36:7; 47:14).[149]

█ 여호와의 이름을 부르는 것은

성경에서 하나님의 이름을 부르는 것은 예배나 기도를 의미한다.[150] 창세기 4:26을 보면 셋의 아들 에노스 때에 "사람들이 비로소 여호와의 이름을 불렀더라"라고 말씀한다. 여호와의 이름을 부르는 것(לִקְרֹא בְּשֵׁם יְהוָה, 리크로 베셈 아도나이)은 하나님께 대한 예배와 기도 생활에 대한 관용적 표현이다(창 21:33 참고). 특별히 성경은 "제단을 쌓고 여호와의 이름을 불렀다."라고 표현함으로 여호와의 이름을 부르는 것이 예배와 관련이 있음을 분명히 한다(창 12:8; 13:4; 26:25). 시편에서도 "내가 주께 감사제를 드리고 여호와의 이름을 부르리이다"(시 116:17)라고 한다. 여호와의 이름을 부르는 것은 하나님께 예배를 드리고 기도하는 것을 의미한다.

---

149) 나사(נָשָׂא, 들어 올리다)의 의미는 문자적으로, 비유적으로 다음과 같이 관용적으로 사용된다.
　　"손을 들어 올리다": 맹세할 때(신 32:40; 겔 20:5, 6, 15), 폭력을 행할 때(삼하 18:28).
　　"머리를 들어 올리다": 명예를 회복시킬 때(창 40:13; 20), 즐거움을 표현할 때(욥 10:15; 슥 2:4; 시 83:3).
　　"얼굴을 들다": 선한 양심, 확신, 호의, 혹은 용납의 표시로서(삼하 2:22).
　　"눈을 들다": 사람에 대한 사랑이나 욕망으로(창 39:7), 하나님을 향하여(시 123:1), 우상에게(겔 18:6, 12, 15)
　　"소리를 높이다": "울고 외치다"를 뜻하는 동사 앞에(창 27:38; 삼상 30:4), 즐거움을 나타낼 때(사 24:14)
　　"목소리로(어떤 것을) 높이다": 여호와의 이름(출 20:7), 기도(렘 7:16; 11:14), 노래(민 23:7), 비난(시 15:3)
150) 이승구, 『하이델베르크 요리문답 강해시리즈 3: 위로받은 성도의 삶』, 103; 에드먼드 P. 클라우니, 『예수님은 십계명을 어떻게 해석하셨는가?』, 신호섭 역 (서울: 크리스챤, 2008), 72.

נָשָׂא(나사)가 여호와의 이름과 함께 사용될 경우는 "여호와의 이름을 크게 부르다, 여호와의 이름을 존귀하게 하다."라는 뜻이다. 그런데 하나님께서 는 "네 하나님 여호와의 이름을 헛되이(לַשָּׁוְא, 라샤베) 부르지 말라(לֹא תִשָּׂא, 로 티사)"라고 명하신다. שָׁוְא(샤베)는 "근거없음, 가치없음, 기만"이라는 뜻 이다. 전치사 לְ(레)와 함께 사용되어 לַשָּׁוְא(라샤베)는 "헛되게, 경솔하게, 함 부로"라는 의미이다. 따라서 לֹא תִשָּׂא אֶת־שֵׁם־יְהוָה אֱלֹהֶיךָ לַשָּׁוְא(로 티사 에트- 셈-아도나이 엘로헤카 라샤베)는 예배와 관련하여 하나님께 전적으로 헌신하지 도 않으면서 드리는 헛된 예배나 기도를 금하는 말씀으로 볼 수 있다.[151]

하나님의 이름이 왜 중요한가?

성경에서 하나님의 이름은 하나님 자신을 사람들에게 드러내시는 계시 의 한 방편이다. 성경에는 하나님의 이름이 다양하게 등장한다. 이 이름들 은 각기 하나님의 속성을 우리에게 계시한다. 예를 들어 사람들과의 언약 관계에서 주로 사용되어지는 "여호와"라는 이름은 자존하시는 하나님, 신 실하신 하나님이라는 의미가 내포되어 있다. 창조를 언급할 때 주로 사용 되는 "엘로힘"이라는 이름은 전능하신 하나님이라는 의미가 내포되어 있 다. 엘이라는 명칭은 강하고 능력이 많으신 하나님이라는 의미이다. 한글 성경에서 "주"로 번역되는 "아도나이"라는 하나님의 명칭은 하나님과 이스 라엘 백성들을 주인과 종의 관계로 묘사할 때 주로 사용된다. 이처럼 하나

---

151) 현대 사회에서 제3계명은 신성모독이나 하나님의 이름을 악하게 사용하는 것을 금하는 것으로 이해할 수도 있다. 특별히 영어권에서 습관적으로 사용하는 천박한 표현들 가운데 하나님이나 예수님의 이름이 사용되는 경우가 있다. 우리는 관용적인 표현으로 불필요하게 또는 헛되이 하나님의 이름을 오용하거나 남용하지 않도록 주의해야 한다(Oh my God-하나님 맙소사, God damm-빌어먹을 Jesus-제기랄). 그러나 이스라엘 백성들이 하나님의 이름을 입에 담지 않았던 것을 고려한다면 이러한 해석은 제3계명에 대한 이해로 적절치 않아 보인다.

님의 이름은 하나님의 속성, 하나님의 성품, 하나님의 사역과 관련이 있다.

이름은 그저 상대방을 부르는 단순한 호칭에 불과한 것이 아니다. 이름은 곧 그 사람의 인격을 상징한다. 이름은 곧 그 사람을 대신한다. 그래서 "나의 이름을 더럽히지 말라"라고 말하는 것은 곧 "나를 모독하지 말라"라는 뜻이다. 하나님의 이름 역시 하늘에 계신 하나님을 대신한다.[152] 따라서 "하나님의 이름을 망령되이 일컫지 말라"라는 명령은 단순히 하나님의 이름을 함부로 입에 담아서는 안 된다는 말이 아니라 하나님을 무시하고 하나님을 경홀히 여기는 모든 행위를 삼가 조심하라는 하나님의 말씀이다.[153]

⦂ 미쉬파팀의 규정

출애굽기 22:28에서 하나님께서는 "너는 재판장(אלהים, 엘로힘)[154]을 모독하지 말며 백성의 지도자를 저주하지 말지니라"라고 명하신다. 인간의 권위를 존중하는 것과 하나님의 이름을 공경하는 것은 서로 밀접한 관계가 있다. 인간의 모든 권위는 전적으로 하나님께로부터 나오는 것이기 때문이다(롬 13:1).

---

152) 김선종, 『떨불 속 두 돌판: 십계명의 신학과 윤리』, 137.

153) 참고: "그러므로 이스라엘의 하나님 나 여호와가 말하노라 내가 전에 네 집과 네 조상의 집이 내 앞에 영원히 행하리라 하였으나 이제 나 여호와가 말하노니 결단코 그렇게 하지 아니하리라 나를 존중히 여기는 자를 내가 존중히 여기고 나를 멸시하는 자를 내가 경멸하리라"(삼상 2:30).

154) 히브리어 성경에는 엘로힘으로 되어 있다. 이에 대한 논의는 Cyprus H. Gordon, "Elohim in Its Reputed Meaning of Rulers, Judges," *Journal of Biblical Literature* 54 (1935): 134-44를 참고하라.

출애굽기 23:20-22에서 하나님께서는 그의 사자를 보내어 이스라엘 백성들을 보호하고 인도하시겠다고 말씀하시면서 "너희는 삼가 그의 목소리를 청종하라"라고 명하신다.

> **출 23:20-22** [20]내가 사자를 네 앞서 보내어 길에서 너를 보호하여 너를 내가 예비한 곳에 이르게 하리니 [21]너희는 삼가 그의 목소리를 청종하고 그를 노엽게 하지 말라 그가 너희의 허물을 용서하지 아니할 것은 내 이름이 그에게 있음이니라 [22]네가 그의 목소리를 잘 청종하고 내 모든 말대로 행하면 내가 네 원수에게 원수가 되고 네 대적에게 대적이 될지라

주의 사자에게 청종해야 하는 이유는 "하나님의 이름"이 그에게 있기 때문이다. 하나님의 이름은 하나님의 권위를 상징한다. 하나님의 이름 앞에서 우리에게 요구되는 것은 "삼가 그의 목소리를 청종"하는 것이다. 하나님의 이름 앞에서 하나님의 권위를 인정하지 않고 자기 멋대로 행동하는 것이 바로 제3계명을 어기는 것이다.

제3계명의 확장

예수님께서는 주의 이름으로 선지자 노릇하며 주의 이름으로 귀신을 쫓아내며 주의 이름으로 많은 권능을 행했다 할지라도 하나님의 뜻대로 행하지 아니하고 불법을 행한 자들은 결단코 천국에 들어갈 수 없다고 말씀하셨다(마 7:15-27). 예수님께서는 하나님의 이름을 들먹이면서도 주의 뜻대로 순종하지 아니하고 불법을 행하는 이중적인 위선에 대해 일침을 가하셨다. 순종하는 삶이 없이 입술로만 하나님의 이름을 들먹이는 것이 바로 하나님의 이름을 망령되이 부르는 것이다.

레 19:12 너희는 내 이름으로 거짓 맹세함으로 네 하나님의 이름을 욕되게 하지 말라 나는 여호와이니라

하나님의 이름으로 거짓 맹세를 하는 것도 제3계명을 어기는 것이다.

레 18:21 너는 결단코 자녀를 몰렉에게 주어 불로 통과하게 함으로 네 하나님의 이름을 욕되게 하지 말라 나는 여호와이니라

레 20:3 도 그 사람에게 진노하여 그를 그의 백성 중에서 끊으리니 이는 그가 그의 자식을 몰렉에게 주어서 내 성소를 더럽히고 내 성호를 욕되게 하였음이라

몰렉에게 자녀를 희생제물로 바치는 행위도 제3계명을 어기는 것이다. 하나님께서는 자기 자식을 몰렉에게 주어 하나님의 성호를 욕되게 한 자는 백성 중에서 끊어질 것이라고 말씀하신다. 어떤 형태로든 우상의 제사에 참여하는 것은 곧 여호와의 이름을 욕되게 하는 것이다.

신 18:20 만일 어떤 선지자가 내가 전하라고 명령하지 아니한 말을 제 마음대로 내 이름으로 전하든지 다른 신들의 이름으로 말하면 그 선지자는 죽임을 당하리라 하셨느니라

하나님께서는 "나 여호와는 나의 이름을 망령되이 일컫는 자를 죄 없다 하지 아니하리라"(출 20:7)라고 말씀하신다. 제3계명을 어기는 것을 가벼운 죄로 생각하면 큰 오산이다. 하나님께서는 하나님의 이름 앞에서 불순종하는 허물을 사하지 아니하시겠다고 말씀하신다(출 23:20-21). 하나님께서는 거류민이든지 본토인이든지를 막론하고 여호와의 이름을 모독하는 자를 반드시 돌로 쳐죽이라고 엄히 명하셨다(레 24:15-16). 하나님의 이름을

더럽히는 것보다 하나님을 격분시키는 더 큰 죄는 없다. 따라서 하나님께서는 그런 자들은 죽음으로 처벌할 것을 명하셨다.[155]

그러면 어떻게 해야 하는가? 하나님은 마땅히 피조물 된 인간들로부터 영광과 존귀와 찬송을 받으시기에 합당하신 분이시다. 우리는 하나님을 경외하는 마음으로, 하나님을 사랑하는 마음으로, 하나님을 예배해야 한다.

> 우리가 하나님의 거룩하신 이름으로 일컬어지는 백성이라면 하나님이나 하나님의 영광과 아무런 관계가 없는 것처럼 살면서 하나님의 이름을 더럽히지 않도록 각별히 주의해야 한다.[156]

하나님을 예배하는 자는 하나님의 거룩한 이름을 두려워하고 존경하는 마음으로만 사용하여, 하나님을 바르게 고백하고 부르며 모든 말과 행실에서 하나님께서 영광을 받으시도록 해야 한다. 하나님을 예배하는 것도, 우리의 신앙생활도 마찬가지다. 하나님께서는 우리가 하나님을 경외하는 마음으로 하나님 앞에서, 사람 앞에서 진실하고 성실하게 바른 믿음을 가지고 살아가기를 원하신다.

> **전 12:13** 일의 결국을 다 들었으니 하나님을 경외하고 그의 명령들을 지킬지어다 이것이 모든 사람의 본분이니라

하나님을 경외하고 하나님의 말씀대로 순종하며 하나님 앞에 나아가 하나님을 예배하는 것이 하나님을 예배하는 자의 바른 모습이다.

---

155) 하이델베르크 요리문답 제100문.
156) 드영, 『마음에 새겨야 할 하나님의 명령: 십계명』, 84.

제4계명

안식일을 기억하고 지키라

안식일을 지키는 것은
그가 창조주의 종-아들이라는 사실을 인정하는 것이며
하나님을 아버지로, 주인으로 고백하는 것이다.[157]

십계명 제1계명은 우리가 "누구를 예배할 것인가?", 즉 예배의 대상에 대한 말씀이다. 우리는 오직 하나님 한 분만을 예배하고 섬겨야 한다. 제2계명은 우리가 "하나님을 어떻게 예배해야 하는가?", 즉 예배의 방법에 대한 말씀이다. 하나님은 영이시니 신령과 진정으로 예배해야 한다. 제3계명은 예배를 드리는 태도에 대한 말씀이다. 하나님께서 받으시는 예배는 말로만 주님의 이름을 찾고 말로만 주님의 이름을 부르짖는 것이 아니라 하나님을 경외하며 하나님의 말씀대로 순종하는 신앙의 삶이 수반되어야 한다.

십계명 제4계명은 "언제 하나님을 예배해야 하는가?", 즉 예배하는 날에 대한 하나님의 말씀이다.

---

157) 클라인, 『하나님 나라의 서막』, 119.

⁝ 안식일을 기억하고 지키라

▎ 안식일을 기억하라

출애굽기 20:8

זָכוֹר אֶת־יוֹם הַשַּׁבָּת לְקַדְּשׁוֹ

안식일을 기억하여 거룩히 지키라

사역 (안식일을) 거룩하게 하기 위하여 그 안식일을 기억하라[158]

출애굽기에서 하나님께서는 "안식일을 거룩하게 하기 위하여 안식일을 기억하라"라고 명하신다. 안식일을 거룩하게 한다는 것은 이날을 다른 여섯 날과 구별하여 시간의 성소(a sanctuary of time)로 지키는 것을 의미한다.[159] 안식일을 거룩하게 하는 방법은 "그 안식일"(יוֹם הַשַּׁבָּת, 욤 하샤바트)[160]을 기억하는 것이다. "그 안식일"을 기억하라고 명하신 것은 이미 이스라엘 백성들이 안식일을 알고 있음을 의미한다.

하나님께서는 이스라엘 백성들이 시내 산에 도착하기 전에 이미 안식일을 지키라고 명령하셨다. 하나님께서 이스라엘 백성들에게 만나를 주시면서 "엿새 동안은 그것을 거두되 일곱째 날은 안식일인즉 그 날에는 없으리라"라고 말씀하셨다. 그런데 일곱째 날에 백성 중 어떤 사람들이 안식일을

---

158) ASV, RSV, NKJV 등은 "Remember the sabbath day, to keep it holy"(안식일을 거룩하게 지키기 위하여 그 날을 기억하라), NIV는 "Remember the Sabbath day by keeping it holy"(안식일을 거룩하게 지킴으로 그 날을 기억하라), NRSV는 "Remember the sabbath day, and keep it holy"(안식일을 기억하고, 그 날을 거룩하게 지키라)라고 번역하였다.

159) Terence E. Fretheim, Interpretation: *A Bible Commentary for Teachinig and Preaching* (Louisville: John Knox, 1991), 229.

160) 노희원은 יוֹם הַשַּׁבָּת(욤 하샤바트, "그 안식일")에서 정관사 ה(하)가 첨가된 것은 이미 안식일이 창세기 1장 이후 실시되고 있음을 전제하는 것으로 보인다고 말한다. 노희원, 『십계명 연구』(서울: 은성, 1995), 230.

범하자 하나님께서는 "어느 때까지 너희가 내 계명과 내 율법을 지키지 아니하려느냐"라고 책망하시며 안식일에는 아무도 그의 처소에서 나오지 말라고 명하셨다. "그러므로 백성이 일곱째 날에 안식하니라"라고 성경은 기록하고 있다(출 16:23-30). 출애굽 한 이스라엘 백성들은 시내 산에서 안식일 명령이 주어지기 전에 이미 안식일을 알고 있었고 또 지켜왔다.

▌안식일을 지키라

신명기 5:12

שָׁמוֹר אֶת־יוֹם הַשַּׁבָּת לְקַדְּשׁוֹ כַּאֲשֶׁר צִוְּךָ יְהוָה אֱלֹהֶיךָ

네 하나님 여호와가 네게 명령한 대로 안식일을 지켜 거룩하게 하라

사역 너희 하나님 여호와가 네게 명령하신 대로 (안식일을)
거룩하게 하기 위하여 안식일을 지키라[161]

신명기에서 모세는 이스라엘 백성들에게 "네 하나님 여호와께서 네게 명령하신 대로 (안식일을) 거룩하게 하기 위하여 그 안식일(יוֹם הַשַּׁבָּת, 욤 하샤바트)을 지키라"라고 명하였다.

신명기의 안식일 계명은 출애굽기와 비교해 볼 때 두 가지 차이점이 있다. 첫째, 출애굽기는 하나님께서 출애굽 한 이스라엘 백성들에게 직접 선포하신 명령인 반면, 신명기는 모세가 출애굽 2세대인 이스라엘 백성들에게 "하나님 여호와께서 명령하신 대로" 재선포한 말씀이다. 둘째, 출애굽기는 안식일을 거룩하게 하기 위해 안식일을 "기억하라"라고 명령하는 반면 신명기는

---

161) ASV, NASB, RSV, NKJV은 "Observe the sabbath day, to keep it holy"(안식일을 거룩하게 하기 위하여 안식일을 지키라), NIV는 "Observe the Sabbath day by keeping it holy"(안식일을 거룩하게 함으로 안식일을 지키라), NRSV는 "Observe the sabbath day and keep it holy"(안식일을 지키고 안식일을 거룩하게 하라)라고 번역하였다.

안식일을 거룩하게 하기 위해 안식일을 "지키라"라고 명령한다는 것이다.

▌ 안식일 제정의 근거

천지창조

출애굽기는 안식일 제정의 근거로 하나님의 창조를 제시한다.

> **출 20:8-11** 8안식일을 기억하여 거룩하게 지키라 9엿새 동안은 힘써 네 모든 일을 행할 것이나 10일곱째 날은 네 하나님 여호와의 안식일인즉 너나 네 아들이나 네 딸이나 네 남종이나 네 여종이나 네 가축이나 네 문안에 머무는 객이라도 아무 일도 하지 말라 11이는 엿새 동안에 나 여호와가 하늘과 땅과 바다와 그 가운데 모든 것을 만들고 일곱째 날에 쉬었음이라 그러므로 나 여호와가 안식일을 복되게 하여 그 날을 거룩하게 하였느니라

출애굽기에서 안식일 명령은 천지창조에 대한 지식을 전제한다. 하나님께서 엿새 동안 천지를 창조하시고 일곱째 날에 안식하셨다. 하나님께서는 일곱째 날, 안식일을 복되게 하여 그 날을 거룩하게 하셨다. 출애굽기는 "그 안식일"을 기억함으로 거룩하게 하라고 명령한다.[162] 하나님께서는 일곱째 날은 하나님 여호와의 안식일인즉 엿새 동안 힘써 모든 일을 행하고 일곱째 날은 아무 일도 하지 말라고 말씀하신다. 하나님께서 엿새 동안 창조 사역을 마치시고 쉬셨던 것처럼 안식일에 쉬는 것은 하나님의 본을 따르는 것이다.[163] 바인펠트는 안식일의 의미를 다음과 같이 설명하였다.

---

162) 카일 델리취는 "기억하라"라는 표현은 이스라엘 백성들이 이미 안식일에 친숙해 있었음을 전제하고 있음을 분명히 보여준다고 말한다. 그러나 그는 이 계명이 주어지기 이전에 안식일이 지켜지지는 않았다고 주장한다. 그는 안식일 명령이 시내 산에서 처음으로 주어졌으며 안식일을 성별하라는 명령도 여기에서 최초로 확립된 것으로 본다. 카일, 델리취, 『카일·델리취 구약주석 2: 출애굽기』, 243-44.

163) 브라운, 『신명기 강해』, 123.

안식일은 창조주를 위해 거룩한 것으로 구별된다는 안식일 명령(창 2:3)에 최초 안식의 의미(창 2:2)가 반영되어 있다. 즉, 안식일은 언약의 주인이신 하나님께 속한 것이다. 그리고 그것은 땅에 대한 하나님의 궁극적 소유권과 인간의 모든 삶에 대한 하나님의 주권을 증거하는 것이다. 따라서 인간이 안식일을 지키는 것은 여호와가 그의 주인이시고 모든 주인들의 주인이시라는 것을 고백하는 것이다. 안식일 성수는 그의 주인이신 하나님을 섬기겠다는 약속을 표현한다.[164]

안식일 명령은 시내 산에서 처음 주어진 것이 아니다. 안식일은 창조의 규례였다.[165] 즉, 창조 때부터 사람들에게 주어진 의무였다. "창조의 제칠 일 안식과 연결되는 안식일 성수는 창조주의 왕 되심을 찬양하는 것이다."[166]

출애굽 사건

신명기는 안식일 제정의 근거로 출애굽 사건을 제시한다.

> **신 5:12-15** [12]네 하나님 여호와가 네게 명령한 대로 안식일을 지켜 거룩하게 하라 [13]엿새 동안은 힘써 네 모든 일을 행할 것이나 [14]일곱째 날은 네 하나님 여호와의 안식일인즉 너나 네 아들이나 네 딸이나 네 남종이나 네 여종이나 네 소나 네 나귀나 네 모든 가축이나 네 문 안에 유하는 객이라도 아무 일도 하지 못하게 하고 네 남종이나 네 여종에게 너 같이 안식하게 할지니라 [15]너는 기억하라 네가 애굽 땅에서 종이 되었더니 네 하나님 여호와가 강한 손과 편 팔로 거기서 너를 인도하여 내었나니 그러므로 네 하나님 여호와가 네게 명령하여 안식일을 지키라 하느니라

---

164) 클라인, 『하나님 나라의 서막』, 69.

165) Edward J Young and F. F. Bruce, "sabbath," in *NBD* 2nd. Edition (Leicester: IVP, 1982), 1042.

166) 클라인, 『하나님 나라의 서막』, 121.

신명기는 하나님 여호와가 이스라엘의 구원자이심을 기억하면서 안식일을 지키라고 말씀한다(신 5:15). 모세는 하나님께서 애굽 땅 종 되었던 집에서 이스라엘을 인도하여 내신 것을 기억하고 "너나 네 아들이나 네 딸이나 네 남종이나 네 여종이나 네 소나 네 나귀나 네 모든 가축이나 네 문 안에 유하는 객이라도 아무 일도 하지 말고 네 남종이나 네 여종에게 너같이 안식하게 할지니라"라고 명한다. 특별히 신명기는 하나님께서 이스라엘의 구속자이시며 해방자이신 것을 기억하고 우리만 안식할 것이 아니라 우리와 관련된 모든 자도 안식하게 하라고 강조한다.

▎ 안식일을 기억하고 지키라

제4계명은 안식일을 거룩하게 하기 위하여 안식일을 기억하고(출 20:8), 안식일을 지키라(신 5:12)고 명령한다.[167) 출애굽기와 신명기에서 하나님의 중요한 두 가지 행위인 창조와 구속이 안식일 제정의 근거로 제시되었다. 따라서 안식일은 일주일에 하루, 일을 멈추고 쉬는 것이 전부가 아니고 두 가지를 기억하면서 지켜야 한다.

첫째, 안식일에 우리는 창조주 하나님을 기억해야 한다. 하나님께서는 이 세상을 창조하신 창조주 하나님이시다. 하나님께서는 이 세상의 주인이시며(시 24:1-2; 행 4:24) 이 세상을 다스리시는 주님(행 17:24)이시다. 내가 나의 능력과 나의 지혜와 나의 힘으로 살아가는 것이 아니고 하나님께서 나의 삶을 주관하시고 인도하신다. 창조주 하나님을 기억하고 나의 나 된

---

167) 바인펠트는 "기억하라"와 "지키라"라는 말은 동의어로 사용되었다고 말한다. Moshe Weinfeld, *Deuteronomy 1-11: A New Translation with Introduction and Commentary*, Anchor Bible 5 (New York: Doubleday, 1991), 303; 마르틴 노트는 안식일을 "기억하라"라고 하는 것은 안식일을 무심결에 지나쳐 버리거나 등한히 내버려 두지 말라는 것을 의미한다고 주장한다. 마르틴 노트, 『국제성서주석: 출애굽기』, 196.

것이 전적으로 하나님의 은혜임을 믿음으로 고백하며 감사하는 날이 바로 안식일이다.

> 안식일을 지키는 것은 그가 창조주의 종-아들이라는 사실을 인정하는 것이며 하나님을 아버지로, 주인으로 고백하는 것이다.[168]

둘째, 안식일에 우리는 이스라엘을 애굽 땅 종 되었던 집에서 구원하신 하나님, 나를 죄악 가운데서 구원하신 하나님을 기억해야 한다. 하나님께서 죄로 인해 죽었던 나를 사랑하셔서 독생자 예수 그리스도를 보내 주시고, 예수께서 나를 대신해서 십자가에 못 박혀 죽으심으로 내 죄를 대속해 주셨다. 나를 구원하신 하나님의 크신 사랑과 은혜에 감사하며 하나님을 찬양하고 예배하는 날이 바로 안식일이다.

안식일은 창조주 하나님, 구속의 하나님을 기억하는 날이다. 창조주 하나님께서 나의 주가 되심을 믿음으로 고백하며 내 마음이 원하는 대로, 내 눈이 보기에 좋은 대로 사는 것이 아니라 하나님의 뜻대로 순종하며 살 것을 다짐하고 결심하면서, 또 나를 구원하신 하나님의 사랑과 은혜에 감사하며, 하나님을 찬양하고 하나님을 예배하는 날이 바로 안식일이다.

안식일을 기억하고 지키는 것은 단순히 율법적 명령이기 때문이 아니다. 안식일을 지키는 것은 창조주 하나님에 대한 신앙고백인 동시에 죄로 인해 죽었던 나를 구원하신 구속의 하나님에 대한 신앙고백이다. 그래서 예수 믿고 구원받은 성도라면 당연히 제4계명을 지켜야 한다. 안식일을 지키는 것은 내가 그리스도인임을 삶으로 드러내는 신앙의 증표이기 때문이다.

---

168) 클라인, 『하나님 나라의 서막』, 119.

안식일을 거룩하게 하기 위하여 창조와 구원을 기억하고 지키라는 하나님의 말씀은 결과적으로 특별히 안식일에 하나님을 경배하고 찬양하며 하나님의 창조와 구원사역을 기억하는 예배행위로 이끈다.[169]

결론적으로 일주일에 하루를 구별하여 쉰다고 할 때 일손을 멈추는 행위 자체가 중요한 것이 아니고, 이날은 전적으로 창조와 구속의 하나님을 기억하며 하나님 안에서 기뻐하고 즐거워하며 하나님을 예배하는 것이 중요하다. 하나님이 나의 주님이시고 내 삶을 주관하신다는 확고한 믿음과 의지함이 없이는 안식일을 지킬 수 없다.

▌누가 안식일을 지켜야 하는가?

성경에서 제1계명과 제2계명을 제외하면 안식일에 대한 계명이 가장 많이 언급된다. 특히 제4계명은 다른 계명들과는 달리 각종 준수 사항들이 구체적으로 제시된다.

출 20:10 일곱째 날은 네 하나님 여호와의 안식일인즉 너나 네 아들이나 네 딸이나 네 남종이나 네 여종이나 네 가축이나 네 문안에 머무는 객이라도 아무 일도 하지 말라

신 5:14 일곱째 날은 네 하나님 여호와의 안식일인즉 너나 네 아들이나 네 딸이나 네 남종이나 네 여종이나 네 소나 네 나귀나 네 모든 가축이나 네 문 안에 유하는 객이라도 아무 일도 하지 못하게 하고 네 남종이나 네 여종에게 너 같이 안식하게 할지니라

하나님께서는 안식일에 사람뿐만 아니라 동물들도 아무 일도 하지 말고

---

169) 김선종, 『떨불 속 두 돌판: 십계명의 신학과 윤리』, 158.

안식하게 하라고 명하신다. 안식의 대상은 모든 사람, 모든 피조물이 다 포함된다. 출애굽기와 신명기에서 안식을 지켜야 할 대상은 거의 동일하지만 신명기에서는 안식을 지켜야 할 대상을 열거한 후에 다시 한번 남종과 여종에 대한 말씀이 반복된다. 이미 안식의 대상에 포함되어 있음에도 불구하고 다시 남종과 여종을 "너 같이" 안식하게 하라고 반복하여 강조하고 있다.[170] 신명기는 출애굽기에 비해서 남종과 여종에 대한 특별한 배려와 관심이 부각된다.

안식일에는 이스라엘 백성들은 물론 종이나 나그네, 심지어는 짐승들까지도 쉼을 누릴 수 있다. 이방인들이 비록 하나님의 언약 안에 있지 않았을지라도 하나님께서는 안식일을 거룩하게 지켜야 할 대상에서 그들을 배제하지 않으셨다. 여기에서 우리는 안식일 계명이 이스라엘 백성들에게만 적용되는 것이 아니라 창조 이래 이 세상이 존속하는 동안 모든 사람이 지켜야 할 영원한 규례로 주어진 것임을 알 수 있다.

---

170) 바인펠트는 신명기가 출애굽기 23:12의 안식일 규정의 영향을 받았기 때문에 이런 차이점이 생겨난 것으로 추정한다. Moshe Weinfeld, *Deuteronomy 1-11: A New Translation with Introduction and Commentary*, 308.

⦂ 미쉬파팀의 규정

안식일과 관련된 규정들은 출애굽기 21:2-11과 23:10-12에서 언급된다.

▌종들의 해방

미쉬파팀은 제일 먼저 안식년에 시행해야 할 "종들의 해방"에 대한 주제를 다룬다(출 21:2-11). 십계명의 서언에 미루어 볼 때 종들에 대한 언급이 제일 먼저 나오는 것은 지극히 자연스럽다: "나는 너를 애굽 땅 종 되었던 집에서 인도하여 낸 너의 하나님 여호와로라"(출 20:2).

종의 제도는 사람의 완악함으로 인하여 하나님께서 허용하셨다는 것은 의심의 여지가 없다. 유대 사회에서는 돈을 꾸었다가 갚지 못하면 종으로 팔려 가 일정 기간 노동력을 제공해야만 했다.

빚은 육 년이 지나고 일곱째 해, 안식년이 되면 모두 면제해 주도록 규정하고 있으므로(신 15:1-18) 빚으로 인한 종살이는 육 년을 넘지 못한다. 아무리 많은 빚을 졌어도 일곱째 해에 종에서 벗어나 자유인이 된다(신 15:21).[171]

---

171) 함무라비 법전 제117조는 채무로 인해 팔려온 awīlum(아빌룸, "귀족")의 아내나 자녀들은 3년 후에 해방하도록 규정하고 있다. 크뤼제만은 함무라비 법전의 3년과 비교해 볼 때 이스라엘의 노예해방 연도가 7년이라는 것은 노예에게 대단히 불리한 것이라고 주장한다. 프랑크 크뤼제만, 『토라-구약성서 법전의 신학과 사회사』, 김상기 역 (서울: 한국신학연구소, 1995), 297; 그러나 이것은 사회적 신분에 따라 다르게 적용된 함무라비 법전의 불평등성을 전혀 고려하지 않은 단순한 생각이 아닐 수 없다. 함무라비 법전은 귀족인 awīlum의 가족 중 하나가 영원히 종의 신분으로 전락하는 것을 방지하기 위한 것이다. 함무라비 법전에서 노예를 풀어주는 다른 규정은 없다. 종의 신분에 속한 사람들은 여전히 종일뿐이다. 권오윤, "출애굽기 20장-23장: 하나님의 계시로서의 언약서", 82.

출 21:3-4 [3]만일 그가 단신으로 왔으면 단신으로 나갈 것이요 장가 들었으면 그의 아내도 그와 함께 나가려니와 [4]만일 상전이 그에게 아내를 주어 그의 아내가 아들이나 딸을 낳았으면 그의 아내와 그의 자식들은 상전에게 속할 것이요 그는 단신으로 나갈 것이로되

출애굽기 21:3은 안식년, 종에서 해방될 때 기본적으로 종으로 팔려올 때의 가족을 그대로 유지하도록 규정한다(출 21:3). 종살이 중에 상전이 맺어준 아내와 그의 자식들은 상전에게 속하여 함께 나가지 못한다(출 21:4). 그러나 만일 그 종이 종살이 중에 얻은 가족과 함께 계속해서 종으로 머물기를 원한다면 "재판관들"(הָאֱלֹהִים, 하엘로힘)에게 가서 주인집 문설주에서 자기의 귀를 뚫는 의식을 요청할 수 있다(출 21:5-6). 자기 주인의 소유로 영원히 남을 것을 선택한 종은 자기 스스로 예속된 증표로 귀에 구멍을 뚫었다.[172]

출애굽기 21:7-11을 보면 여자 종은 육 년 후에 자유롭게 나가도록 허락하지 않는다. 이는 여자의 권리를 제한하는 것이 아니다. 이 규정은 가난한 사람의 딸이 또다시 첩으로 팔리는 것을 방지하려는 것이다. 종살이하는 동안 상전이나 상전의 아들과 혼인한 여자에게는 육 년이 지나면 법적으로 아내의 권리와 지위가 주어진다. 즉, 그녀에게 온전한 자유가 주어진다(신 15:12-18 참조).

---

172) 크뤼제만은 "이 법은 보호 규정이 아니라 오히려 사람들이 영구 노예가 되도록 강요하는 법"이라고 주장한다. 크뤼제만, 『토라-구약성서 법전의 신학과 사회사』, 299.

▎종들의 보호

출 21:20-21 [20]사람이 매로 그 남종이나 여종을 쳐서 당장에 죽으면 반드시
형벌을 받으려니와 [21]그가 하루나 이틀을 연명하면 형벌을 면하리니 그는 상
전의 재산임이라

출애굽기 21:20에서는 남종이나 여종을 죽도록 폭행한 사람은 "반드시
형벌을 받는다."(נָקֹם יִנָּקֵם, 나콤 인나켐, 문자적으로는 "반드시 복수를 당한다")라고
규정하고 있다.[173] 웨스트블룩은 이 구절이 폭행치사죄를 범한 주인에게
종의 가족이 대리적으로 복수하는 것을 의미한다고 주장한다.[174] 웨스트
블룩의 주장은 성경의 여러 구절에서 이 단어가 대리적 복수를 언급하기
때문에 그럴듯해 보인다. 그러나 대리적 심판은 미쉬파팀 어디에서도 지
지되지 않으며 성경 안에서도 그 유례를 찾아볼 수 없다. 출애굽기 21:20
은 종들의 죽음에 대하여 누가 복수할 것인가를 설명하지 않는다. 또 복수
의 형태에 대해서도 언급하지 않는다. 그러나 이어지는 구절은 만약 종이
폭력을 당한 후 며칠이 지나 죽었다면 형벌을 면하도록 규정한다(출 21:21).
그 이유는 종은 주인의 재산이기 때문이다. 만일 종이 하루 이틀이라도 연
명할 경우 그를 죽이려는 의도가 없었던 것으로 보고 속전으로 해결하도
록 한 것으로 보인다.

출애굽기 21:26-27은 종들에 대한 폭행을 언급한다. 사람이 종을 쳐서
눈이나 이를 상하게 하면 종에게는 그 손실에 대한 보상으로 자유가 주어

---

173) 로핑크는 출애굽기 22:20은 고대 근동의 법전들과 구별되는 탁월함을 보여 준다고
지적한다. Norbert Lohfink, "Property in the Laws of the Ancient Near East and of the
Bible," *Theological Studies* 52 (March, 1991): 39.

174) Raymond Westbrook, *Studies in Biblical and Cuniform Law, Cahiers de la Revue Biblique*
(Paris: J. Gabalda, 1988), 89-100.

진다. 종은 신체의 극히 일부라도 해를 당하면 완전히 자유롭게 되었고 노동력으로 빚을 갚을 의무에서 해방되었다.

▎약자 보호

하나님께서는 안식년에 가난한 자와 나그네와 종들과 짐승들을 위하여 휴경을 명하신다(출 23:10-12).

> **출 23:10-12** ¹⁰너는 여섯 해 동안은 너의 땅에 파종하여 그 소산을 거두고 ¹¹일곱째 해에는 갈지 말고 묵혀두어서 네 백성의 가난한 자들이 먹게 하라 그 남은 것은 들짐승이 먹으리라 네 포도원과 감람원도 그리할지니라 ¹²너는 엿새 동안에 네 일을 하고 일곱째 날에는 쉬라 네 소와 나귀가 쉴 것이며 네 여종의 자식과 나그네가 숨을 돌리리라

하나님께서는 여섯 해 동안은 땅에 파종하여 그 소산을 거두고 일곱째 해에는 휴경하라고 명하신다. 포도원과 감람원도 일곱째 해에는 소산을 거두지 말라고 말씀하신다. 그 이유는 가난한 자들과 들짐승이 일곱째 해의 소산을 먹게 하기 위함이다. 이어서 엿새 동안 일하고 일곱째 날에는 안식하라고 명하시면서 특별히 안식일에 소와 나귀, 종들과 나그네도 일을 멈추고 안식하며 숨을 돌리게 하라고 명하신다(출 23:12).

이에 대하여 로핑크는 단적으로 "가난한 자와 압박당하는 자들을 보호하기 위해서 주어진 고대 법들의 모음 중 어떠한 것도 실제로 시행된 것은 없다."라고 강조한다.[175] 그러나 언약서는 그와 반대로 도움을 필요로 하는 대부분의 사람들에게 특별한 보호를 제공했다. 따라서 로핑크는 출애

---

175) Lohfink, "Property in the Laws of the Ancient Near East and of the Bible," 37.

굽기 22:20은 전통적인 사례법을 이탈하는 것으로 특별히 고대 근동의 법전들과는 구별되는 탁월함을 보여 준다고 지적한다.[176]

빚으로 소유권을 상실한 땅은 희년, 곧 일곱 번째 안식년이 지나고 오십년째가 되는 해에 원주인에게 돌려주어야 한다(레 25:8-55). 하나님께서는 안식일에는 종이나 나그네, 짐승들도 안식하게 하고, 안식년에는 땅도 안식하게 하고, 희년에는 죄로 인해 왜곡되고 상실한 모든 것의 회복을 명하신다.

▎가축에 대한 관심

미쉬파팀은 동물들도 학대로부터 보호하도록 규정한다. 안식일에는 동물들도 아무 일도 하지 말라고 명하신다(출 20:10). 짐을 지고 넘어진 나귀를 도와주어야 한다(출 23:5).

갓 태어난 소나 양도 이레 동안 어미와 함께 있다가 하나님께 드려진다(출 22:30). 어미의 젖으로 새끼를 삶는 것을 금하신다(출 23:19). 이러한 규정들은 잔인한 행동을 금지하기 위한 법으로, 이것은 결국 인간성을 보호하기 위한 법이다.

---

176) Lohfink, "Property in the Laws of the Ancient Near East and of the Bible," 39.

: 제4계명의 확장

▮ 안식일 위반자에 대한 처벌

하나님께서는 제4계명을 위반하는 자에 대해 매우 엄격한 처벌을 명하신다.

> **출 31:12-17** [12]여호와께서 모세에게 말씀하여 이르시되 [13]너는 이스라엘 자손에게 말하여 이르기를 너희는 나의 안식일을 지키라 이는 나와 너희 사이에 너희 대대의 표징이니 나는 너희를 거룩하게 하는 여호와인 줄 너희가 알게 함이라 [14]너희는 안식일을 지킬지니 이는 너희에게 거룩한 날이 됨이니라 그 날을 더럽히는 자는 모두 죽일지며 그 날에 일하는 자는 모두 그 백성 중에서 그 생명이 끊어지리라 [15]엿새 동안은 일할 것이나 일곱째 날은 큰 안식일이니 여호와께 거룩한 것이라 안식일에 일하는 자는 누구든지 반드시 죽일지니라 [16]이같이 이스라엘 자손이 안식일을 지켜서 그것으로 대대로 영원한 언약을 삼을 것이니 [17]이는 나와 이스라엘 자손 사이에 영원한 표징이며 나 여호와가 엿새 동안에 천지를 창조하고 일곱째 날에 일을 마치고 쉬었음이니라 하라

여호와께서 이스라엘 자손에게 "너희는 나의 안식일을 지키라"라고 말씀하시면서 "그 날을 더럽히는 자, 그 날에 일하는 자"는 반드시 죽이라고 명하신다. 출애굽기 35:2에서도 일곱째 날은 거룩한 날이며 여호와께 엄숙한 안식일이기 때문에 누구든지 이날에 일하는 자는 죽이라고 엄히 명하셨다.

> **민 15:32-36** [32]이스라엘 자손이 광야에 거류할 때에 안식일에 어떤 사람이 나무하는 것을 발견한지라 [33]그 나무하는 자를 발견한 자들이 그를 모세와 아론과 온 회중 앞으로 끌어왔으나 [34]어떻게 처치할는지 지시하심을 받지 못한 고로 가두었더니 [35]여호와께서 모세에게 이르시되 그 사람을 반드시 죽일지니 온 회중이 진영 밖에서 돌로 그를 칠지니라 [36]온 회중이 곧 그를 진영 밖으로 끌어내고 돌로 그를 쳐죽여서 여호와께서 모세에게 명령하신 대로 하니라

실제로 민수기 15장을 보면 안식일에 어떤 사람이 나무하는 것을 발견하고 그를 모세 앞으로 잡아 왔다. 모세가 안식일을 범한 이 사람을 어떻게 처벌할 것인지를 결정하지 못하고 있을 때 하나님께서는 모세에게 그 사람을 반드시 죽이라고 말씀하셨다. 사람들은 여호와께서 모세에게 명하신 대로 그 사람을 진영 밖으로 끌어내고 돌로 쳐죽였다. 도대체 안식일이 무엇이기에 안식일을 지키지 않으면 죽이기까지 하는 것일까?

무엇보다 안식일을 기억하고 지키는 것은 하나님의 백성임을 특징짓는 결정적인 표징이다(출 31:16-17; 겔 20:11-13, 20-21). 천지창조 이래로 사람들이 지켜야 할 영원한 언약이요, 표징이 바로 안식일이다.

노아 언약의 표징은 무지개이다. 노아 홍수 이후 하나님께서는 다시는 물로 세상을 심판하지 않겠다는 영원한 언약(창 9:16)을 세우시며 그 증표로 무지개를 주셨다. 아무리 비가 많이 와도 사람들은 무지개를 보면서 다시는 물로 이 세상을 심판하지 않겠다고 하신 하나님의 언약을 기억하는 것이다.

아브라함 언약의 표징은 할례이다. 하나님께서는 아브라함에게 너와 네 후손에게 가나안 땅을 영원한 기업으로 주시겠다고 말씀하시면서 아브라함과 그의 후손들 사이에 영원한 언약(창 17:7)을 맺으셨다. 그리고 그 언약의 표징으로 할례를 명하셨다. 할례는 하나님의 언약 백성이 됨을 상징하는 것이다.

모세 언약의 표징은 안식일이다. 모세 언약이란 시내 산에서 하나님과 이스라엘 사이에 맺은 언약을 말한다. 모세 언약의 핵심은 "나는 너의 하나님이 되고 너희는 내 백성이 되리라"라는 것이다. 그런데 하나님께서는 안식일을 지키는 것이 "나와 이스라엘 자손 사이에 영원한 표징"이라고 말씀하신다(출 31:13, 16; 겔 20:12, 20 참고). 안식일이 모세 언약의 표징이라는 말은 안식일을 지키는 것이 곧 하나님의 백성인지 아닌지를 결정하는 시금석이 된다는 것이다. 안식일을 지키는 것은 내가 하나님 나라 거룩한 백성으로 살고 있음을 보여 주는 증표이다.

• 안식일과 주일

하나님께서는 "안식일을 거룩하게 하기 위해 안식일을 기억하고, 안식일을 지키라"라고 명하셨다. 구약성경에서 안식일은 다른 어떤 계명보다도 중요한 계명이다. 하나님에 대한 신앙의 가시적이고 외형적인 표현 중 하나가 바로 안식일을 지키는 것이기 때문이다. 그런데 오늘날 우리는 안식일을 지키는 것이 아니라 안식 후 첫날인 주일을 지키고 있다. 그 이유는 무엇인가?

유대인들은 금요일 저녁부터 토요일 저녁까지를 안식일로 지킨다.[177] 예수님께서도 "안식일에 늘 하시던 대로 회당에" 들어가서 가르치셨다(막 1:21; 3:1; 눅 4:16; 6:6). 사도 바울도 고린도에서 안식일마다 회당에서 유대인과 헬라인에게 하나님의 말씀을 강론하고 권면하였다(행 18:4). 이러한 사실로 미루어 볼 때 예수님 당시는 물론 사도들도 초기에는 안식일을 그대로 지켰다는 것을 알 수 있다.

---

177) 유대인들은 저녁에서부터 시작하여 다음 날 저녁까지를 하루로 간주한다.

그러나 신약성경을 보면 초대 교회가 안식일에 모였다는 말은 하나도 없다. 신약성경은 주일을 새로운 유형의 안식일로 제시하려는 의도를 역력히 내비치고 있다. 초대 교회는 한결같이 안식 후 첫날에 모였다(요 20:19; 눅 24:1; 막 16:1-2). 십자가에 못 박혀 죽으신 예수님께서 안식 후 첫날, 즉 주일 새벽에 부활하셨다(마 28:1; 막 16:1; 눅 24:1; 요 20:1). 초대 교회는 사망 권세를 이기시고 부활하신 예수 그리스도를 기념하며 안식 후 첫날, 즉 주일을 모이는 날로 정하여 하나님을 예배하였다.[178] 초대 교회가 안식일이 아니라 안식일 다음 날인 주일에 예배를 드리게 된 이유는 안식일 계명을 통해 하나님께서 의도하신 "안식"이 예수 그리스도의 십자가와 부활을 통해 이루어졌기 때문이다. 그래서 기독교회는 더는 유대인들 같이 안식일을 지키는 것이 아니라 주일을 지킨다. 창조 때 제정된 안식일이 이제 주일로 변화하여 기독교인의 안식일이 되었다.[179] 예수 그리스도를 믿는 성도들은 창조주 하나님, 구속주이신 하나님을 기억하며 일주일에 하루를 구별하여 주일을 거룩하게 지켜야 한다.

---

178) 사도행전 20:7(그 주간의 첫날에)과 고린도전서 16:1-2(매주 첫날에)은 초대 교회가 "매주 첫날"에 예배를 드리기 위해 모였다고 기록한다. 사도 바울은 3차 전도 여행을 마치고 마케도니아와 아가야 성도들이 모은 연보를 가지고 예루살렘으로 가는 도중 드로아에서 한 주간을 보내었는데, 안식일이 아니라 안식 후 첫날에 모임을 가졌다(행 20:7). 요한계시록 1:10에는 사도 요한이 밧모 섬에서 받은 계시를 기록하면서 "주의 날"이라는 용어를 사용하였다. 사도 요한이 언급한 "주의 날"이 주님이 부활하신 날, 곧 "안식 후 첫날" "매 주일 첫날"을 의미하는 일요일이라는 사실은 의심의 여지가 없다.
179) 이승구, 『하이델베르크 요리문답 강해시리즈 3: 위로받은 성도의 삶』, 141.

⁝ 안식일(주일)을 지키는 방법

출 20:8-12 ⁸안식일을 기억하여 거룩하게 지키라 ⁹엿새 동안은 힘써 네 모든 일을 행할 것이나 ¹⁰일곱째 날은 네 하나님 여호와의 안식일인즉 너나 네 아들이나 네 딸이나 네 남종이나 네 여종이나 네 가축이나 네 문안에 머무는 객이라도 아무 일도 하지 말라 ¹¹이는 엿새 동안에 나 여호와가 하늘과 땅과 바다와 그 가운데 모든 것을 만들고 일곱째 날에 쉬었음이라 그러므로 나 여호와가 안식일을 복되게 하여 그 날을 거룩하게 하였느니라 ¹²네 부모를 공경하라 그리하면 네 하나님 여호와가 네게 준 땅에서 네 생명이 길리라

하나님께서는 엿새 동안은 힘써 네 모든 일을 행하라고 말씀하신다. 안식일을 거룩하게 지키는 방법은 먼저 엿새 동안 힘써 일하는 것이다. 우리는 엿새 동안 나에게 주어진 시간과 상황 속에서 최선을 다해 성실하게 모든 일을 감당해야 한다. 힘써 일하는 사람에게 일곱째 날에 안식한다는 것이 의미가 있다.

하나님께서는 엿새 동안 힘써 일하고 일곱째 날은 안식일인즉 아무 일도 하지 말라고 명하신다. 안식일에 노동이나 사업을 금하는 것은 "성회"(מִקְרָא-קֹדֶשׁ, 미크라-코데쉬)로 모이기 위함이다(레 23:8, 36; 민 29:35; 신 16:8).[180] 안식일은 여호와 안에서 하나님을 예배하며 즐거움을 얻는 날이다.

---

180) 박윤선, "십계명 요해", 『신학정론』 제3권 제2호 (1985): 193.

이사야 58:13-14은 우리에게 제4계명을 지키는 방법을 잘 설명해 준다.

> **사 58:13-14** [13]만일 안식일에 네 발을 금하여 내 성일에 오락을 행하지 아니하고 안식일을 일컬어 즐거운 날이라, 여호와의 성일을 존귀한 날이라 하여 이를 존귀하게 여기고 네 길로 행하지 아니하며 네 오락을 구하지 아니하며 사사로운 말을 하지 아니하면 [14]네가 여호와 안에서 즐거움을 얻을 것이라 내가 너를 땅의 높은 곳에 올리고 네 조상 야곱의 기업으로 기르리라 여호와의 입의 말씀이니라

하나님께서는 안식일에 네 발을 금하여 오락을 행하지 말라고 명하신다. 와츠는 "네 발을 금하여"라는 말이 안식일에 불필요한 여행을 금지하는 의미라고 주장한다.[181] 그러나 이사야 58:13에서 "만일 … 네 발을 금하여"(אִם־תָּשִׁיב רַגְלֶךָ, 임타쉬브 라그레카, "만약 네 발을 돌이키게 하면")라는 말은 "네 길로 행하지 아니하며"(מֵעֲשׂוֹת דְּרָכֶיךָ, 메아슈트 데바케카, "네 길로 행하는 것으로부터")라는 말과 평행을 이룬다. "네 발을 돌이키라"라는 것은 여행 금지를 의미하는 것이 아니라 "네 길로 행하는 것으로부터" 돌이키는 것, 즉 자기가 하고 싶은 대로 하지 말라는 의미이다.

하나님께서는 안식일에 네 오락을 행하는 것(עֲשׂוֹת חֲפָצֶיךָ, 아소트 하파쩨카)과 네 오락을 구하는 것으로부터(מִמְּצוֹא חֶפְצְךָ, 미메쪼 헤프쩨카) 돌이키라고 말씀하신다. 이 말씀은 "자기 마음에 좋은 대로 행하지 말라."라는 의미이다.

안식일은 내가 하고 싶은 일을 하면서 여가를 즐기는 날이 아니다. 안식일은 하나님께서 구별하여 복되게 하시고 거룩하게 하신 "존귀한 날"이다.

---

181) 존 와츠, 『WBC 성경주석 이사야 하』, 강철성 역 (서울: 솔로몬출판사, 2002), 445.

하나님께서는 "안식일을 존귀하게 여기고 네 길로 행하지 아니하고 네 오락을 구하지 아니하며 사사로운 말을 하지 아니하면 즐거움을 얻을 것이라"라고 말씀하신다.

　결론적으로 예수 그리스도를 믿는 성도들은 창조주 하나님, 구속주이신 하나님을 기억하며 일주일에 하루를 구별하여 주일을 거룩하게 지켜야 한다. 주일을 지키는 것은 우리가 하나님을 믿는다는 것을 삶으로 고백하는 것이다. 주일 성수는 무엇인가를 성취하고 또 우리 자신의 안전을 도모하는 모든 노력을 버리는 것이다.[182] 주일 성수는 우리가 우리의 삶을 세우고 유지하는 것이 아니라 우리의 삶이 하나님께서 주시는 선물임을 알게 해주는 수단이기도 하다. "십일조"와 더불어 "주일 성수"는 우리가 하나님을 믿는 사람이라는 것을 드러내는 증표이다.[183]

---

182) 월터 브루그만, 『현대성서주석 창세기』, 강성열 역 (서울: 한국장로교출판사, 2000), 75.
183) 십일조에 대해서는 권오윤, 『왕 같은 제사장: 베드로전서 2:9의 관점에서 본 창세기』 (파주: 바라봄, 2021), "아브라함의 믿음(Ⅰ)"을 참고하라.

제5계명

부모를 공경하라

•
•

우리가 부모를 공경해야 하는 이유는
그들이 항상 존경받을 만한 자격을 갖추고 있기 때문이 아니라
하나님께서 그들에게 권위를 부여하셨기 때문이다.[184]

오늘날 가정에서 부모의 권위가 무너지고 있다. 자녀들이 경제적으로
부모를 의존하는 시기가 지나면 더는 부모의 말을 듣지 않고 자기 마음대
로 하려고 한다. 이것을 당연한 시대적 현상으로 간주할 수만은 없다. 사
도 바울은 로마서 1장에서 마음에 하나님 두기를 싫어하는 어리석고 불
의한 자의 특징을 열거한다. 그중에 하나가 "부모를 거역"하는 것이다(롬
1:30). 바울은 디모데후서 3장에서도 "말세에 고통하는 때"가 이르러 나타
날 여러 징조 중의 하나가 바로 사람들이 "부모를 거역하며 감사하지 아니
하는" 것이라고 말한다(딤후 3:2). 부모를 거역하고 감사하지 아니하는 것은
하나님 앞에서 심각한 범죄 행위이다. 따라서 우리는 사람과 사람 사이의
관계에서 제일 먼저 등장하는 제5계명을 주의 깊게 살펴보아야 한다.

---

184) 캐빈 드영, 『마음에 새겨야 할 하나님의 명령: 십계명』, 116.

네 부모를 공경하라

출 20:12 네 부모를 공경하라 그리하면 네 하나님 여호와가 네게 준 땅에서
네 생명이 길리라

신 5:16 너는 네 하나님 여호와께서 명령한 대로 네 부모를 공경하라 그리하
면 네 하나님 여호와가 네게 준 땅에서 네 생명이 길고 복을 누리리라

십계명은 내용상 크게 두 부분으로 나눌 수 있다. 제1계명부터 제4계명
까지는 하나님께 대한 의무를 규정하고, 제5계명부터 제10계명까지는 이
웃에 대한 의무를 규정한다. 사람과 사람 사이에 지켜야 할 의무 중 첫 번
째는 "네 부모를 공경하라"라는 말씀이다.

하나님께서는 제5계명에서 "너의 아버지와 너의 어머니를 공경하라"
(כַּבֵּד אֶת־אָבִיךָ וְאֶת־אִמֶּךָ, 카베드 에트-아비카 베에트 임메카)라고 명하신다.[185] 제5
계명은 "그리하면 네 하나님 여호와가 네게 준 땅에서 네 생명이 길리라"
라는 약속이 추가된 유일한 계명이다.[186] 신명기에서 "네 하나님 여호와께
서 명령한 대로"라는 말을 덧붙인 것은 부모를 공경하는 것이 곧 "하나님
의 뜻"임을 강조한다. 또 신명기에서는 "복을 누리리라"라는 말씀이 추가
되었는데 이는 부모를 공경하는 자들에게 다른 부차적인 복들이 더해질

---

185) 칼빈은 "다섯째 계명의 목적은 존경을 받도록 하나님께서 정하신 사람을 존경하라는
   것이다. 그러므로 이 계명의 요점은 하나님께서 어떤 특출한 점을 주신 사람들을 존경하는
   것이 옳으며 또한 하나님을 기쁘시게 하는 것이며, 반대로 그들을 멸시하거나 복종하지
   않는 것은 하나님께서 미워하신다는 것이다."라고 말한다. 칼빈, 『기독교강요』, II, 8. 8.
186) 이러한 복은 하나님의 규례와 명령을 잘 지키면 받게 될 복과 동일하다(신 4:40; 5:33;
   22:7; 25:15 등). 부모를 공경하면 하나님을 공경하는 것은 같은 차원의 복이 보상으로
   주어진다. 이는 부모를 공경하는 것이 우리에게 매우 중요한 계명임을 의미한다.

것이라는 뜻이다.[187]

▎하나님을 섬기듯 공경하라

하나님께서는 제5계명에서 부모를 마치 하나님을 섬기듯 공경해야 한다고 말씀하신다. "공경하다"로 번역되는 כָּבֵד(카바드, "무겁다, 존경하다, 공경하다")는 구약성경에서 하나님, 선지자, 왕들에 대한 존경의 뜻으로 사용되는 용어이다.[188] 하나님께서 "공경하라"(כַּבֵּד, 카베드-כָּבֵד의 피엘 명령형 남성 단수)라는 동사를 부모에게 적용한 것은 부모가 특별히 신성한 가치를 지닌 존재라는 것을 시사한다.

> **말 1:6** 내 이름을 멸시하는 제사장들아 나 만군의 여호와가 너희에게 이르기를 아들은 그 아버지를, 종은 그 주인을 공경하나니 내가 아버지일진대 나를 공경함이 어디 있느냐 내가 주인일진대 나를 두려워함이 어디 있느냐 하나 너희는 이르기를 우리가 어떻게 주의 이름을 멸시하였나이까 하는도다

말라기 1:6을 보면 하나님께서는 부모 공경을 하나님 공경과 밀접하게 연관시키셨고 부모의 성스러운 지위와 인격을 공손히 받들어 섬길 것을 강조하신다.[189] 따라서 우리는 하나님께서 우리 위에 세우신 자(부모)들을 공경하며 그들을 존경과 순종과 감사함으로 대해야 한다.

> 주의 임명으로 어떤 사람이 우리 위에 놓인 것을 알면, 우리는 그에게 존경과 복종과 감사를 드리며, 그 밖에도 우리가 할 수 있는 의무를 다해야 한다. 우리의 웃어른이 이런 존경을 받을 자격이 있느냐 없느냐 하는 것은 문제가 안 된다.[190]

---

187) 존 칼빈, 『칼빈주석 4 - 출애굽기 레위기 민수기, 신명기 II』, 존 칼빈 성경주석 출판위원회 편역 (서울: 성서원, 2001), 456.

188) 신성자, 『구약윤리』 (서울: 총신대학교출판부, 1998), 135.

189) 박요한, 『십계명』, 88.

190) 칼빈, 『기독교강요』, II, 8, 36.

▎ 인륜이 아닌 하나님의 명령

제5계명은 인륜, 즉 "인간으로서 당연히 지켜야 할 도리"가 아니라 지엄하신 하나님의 명령이다. 앞서 언급한 바와 같이 כַּבֵּד(공경하라)는 כָּבַד 동사의 피엘 명령형 남성 단수이다. 히브리어 동사의 피엘형은 강조의 의미가 있다. 즉, "부모를 공경하라"라는 것은 인륜의 차원을 넘어서 반드시 지켜야 하는 하나님의 명령이다. 인륜을 어기면 손가락질하고 비난은 할 수 있으나 책임을 물어 처벌하지는 않는다. 그러나 제5계명은 지엄하신 하나님의 명령이며, 미쉬파팀은 부모를 공경하지 않는 자를 매우 엄중하게 처벌하도록 규정한다.

⁝ 미쉬파팀의 규정

하나님께서는 "네 부모를 공경하라"라고 강조해서 명령하셨을 뿐만 아니라 미쉬파팀에서도 부모를 공경하지 않는 죄가 얼마나 큰가를 분명하게 말씀하셨다.

> **출 21:15** 자기 아버지나 어머니를 치는 자는 반드시 죽일지니라(מוֹת יוּמָת, 모트 요마트)[191]

> **출 21:17** 자기의 아버지나 어머니를 저주하는 자(וּמְקַלֵּל, 우메칼렐)는 반드시 죽일지니라(מוֹת יוּמָת)

---

191) 히브리어에서는 동사의 부정사 절대형이 동사 앞에 와서 그 동사의 의미를 좀 더 정확히 규명하거나 또는 강화해 준다. E. Kautzsch, Ed., *Genesius' Hebrew Grammar*, trans. A. E. Cowley (Oxford: Clarendon Press, 1910), 340-41.

레 20:9 만일 누구든지 자기의 아버지나 어머니를 저주하는(יְקַלֵּל, 예칼렐) 자는 반드시 죽일지니(מוֹת יוּמָת) 그가 자기의 아버지나 어머니를 저주하였은즉 그의 피가 자기에게로 돌아가리라

출애굽기 21:15에서 하나님께서는 부모를 치는 자는 반드시 죽이라(מוֹת יוּמָת)고 엄히 명하신다. 칼빈은 부모에게 폭력을 행사하는 것에 대해 다음과 같이 말하였다.

> 어떤 사람이 자기 아버지나 어머니를 주먹이나 몽둥이로 친다면 그런 미친 행동은 살인에 해당하는 처벌을 받아야 마땅하다. 자식이 자기를 낳아준 부모에게 공격하는 일을 삼가지 않는 것은 가증스럽기 짝이 없는 일이요 그런 추악한 죄악을 그냥 놔둔다면 모두 야만적인 사람으로 변할 것이다.[192]

하나님께서는 출애굽기 21:17과 레위기 20:9에서 부모에게 가한 폭력뿐 아니라 부모를 비난하거나 저주하는 언어폭력에 대해서도 반드시 죽이라(מוֹת יוּמָת)고 말씀하신다. 미쉬파팀에서 자기의 부모를 때리거나 저주하는 자는 반드시 죽이라고 규정할 정도로 제5계명은 이 세상을 살아가는 동안 반드시 지켜야 할 인간관계의 근본이다.

신명기 21:18-21은 부모를 공경하지 않는 자에 대한 처벌 절차를 구체적으로 예시한다.

---

192) 칼빈, 『칼빈주석 4 – 출애굽기 레위기 민수기, 신명기 II』, 459.

신 21:18-21 [18]사람에게 완악하고 패역한 아들이 있어 그의 아버지의 말이나 그 어머니의 말을 순종하지 아니하고 부모가 징계하여도 순종하지 아니하거든 [19]그의 부모가 그를 끌고 성문에 이르러 그 성읍 장로들에게 나아가서 [20]그 성읍 장로들에게 말하기를 우리의 이 자식은 완악하고 패역하여 우리 말을 듣지 아니하고 방탕하며 술에 잠긴 자라 하면 [21]그 성읍의 모든 사람들이 그를 돌로 쳐죽일지니 이같이 네가 너희 중에서 악을 제하라 그리하면 온 이스라엘이 듣고 두려워하리라

신명기 21:18-21은 완악하고 패역하여 부모의 말에 불순종하고, 부모가 징책하여도 듣지 아니하는 자녀는 부모가 성문으로 끌고 가서 그 성읍 장로들에게 공증을 받아 그 성읍의 모든 사람들이 보는 가운데 공개적으로 처형하라고 말씀한다. 칼빈은 완악하고 패역하여 부모의 훈계를 마다할 뿐 아니라 방탕하며 술에 잠긴 자(신 21:20)라면 절망적인 상태에 있다고 해도 무방하다고 말한다.

> 제5계명은 이스라엘과 여호와 사이의 언약 관계를 사회적으로 실제화하고 보존함에 있어서 가정의 중요성을 역설하고 있다. 그러므로 가장 기본적인 가족 단위를 위협하는 것은 무엇이든 언약 관계 전체를 위협하는 것이며, 그렇기 때문에 부모를 공경하지 않는 죄에 대해서는 심각하게 다루어진다.[193]

제5계명을 위반했을 경우 처벌 방법은 돌로 쳐 죽이는 것이다(신 21:21). 성경에서 온 회중이 돌로 쳐죽이는 경우는 신성모독, 즉 하나님께 대한 죄를 범했을 경우이다.

---

193) 우즈, 『신명기 – 틴데일 구약주석 시리즈 5』, 168.

레 24:15-16 ¹⁵너는 이스라엘 자손에게 말하여 이르라 누구든지 그의 하나님
을 저주하면 죄를 담당할 것이요 ¹⁶여호와의 이름을 모독하면 그를 반드시 죽
일지니 온 회중이 돌로 그를 칠 것이니라 거류민이든지 본토인이든지 여호와
의 이름을 모독하면 그를 죽일지니라

하나님께서는 레위기 24:15-16에서 누구든지 하나님을 저주하거나 여
호와의 이름을 모독하면 그를 반드시 죽이되(מוֹת יוּמָת), 온 회중이 그를 돌
로 쳐죽이라고 말씀하신다. 하나님께서는 마치 하나님을 섬기듯 부모를
공경하라고 말씀하신다. 성경에서 부모에게 불순종하는 죄는 하나님께 대
한 죄와 동일하게 간주하는 중죄이다.

신 21:21 그 성읍의 모든 사람들이 그를 돌로 쳐죽일지니 이같이 네가 너희
중에서 악을 제하라 그리하면 온 이스라엘이 듣고 두려워하리라

신명기 21:21은 이렇게 엄하게 처벌하는 목적을 두 가지로 말씀한다. 하
나는 이 세상을 오염시키는 죄악을 제거하는 것이요, 다른 하나는 죄를 범
한 자의 죽음이 모든 사람에게 본이 되도록 하는 것이다. 그저 단순하게
나를 낳아주셨기 때문에 부모를 공경하는 것이 아니다. 성경은 부모의 권
위는 하나님께서 주신 권위라는 점에서 자녀들이 그 앞에 순종하며 공경
함으로써 부모를 섬겨야 한다고 말씀한다. 바로 이것이 동양의 효 개념과
다른 점이다.[194]

---

194) 『사서삼경』 중 하나인 『효경』을 보면 동양의 효는 두 가지를 강조한다. 하나는 孝莫大於
安親(효막대어안친)이다. 어버이의 마음을 평안하게 하는 것보다 더 큰 효가 없다는
것이다. 또 하나는 身體髮膚 受之父母 不敢毀傷 孝之始也(신체발부는 수지부모라 불감훼
상이 효지시야요), 立身行道 楊名於後世 以顯父母 孝之終也(입신행도하고 양명어후세하여
이현부모하면 효지종야니라)이다. "우리의 몸은 부모에게서 받은 것이니 다치지 않는 것이
효도의 시작이며, 몸을 바르게 세워 도를 행하고 후세에 이름을 날려 부모를 드러내는
것이 효의 끝이다." 동양의 효는 자식이 자기의 몸을 잘 보존해서 부모에게 걱정을

⁝ 제5계명의 확장

▎ 부모를 공경하는 방법

어떻게 하는 것이 부모를 공경하는 것인가? 칼빈은 십계명을 주석하면서 부모 공경하는 방법에 대해 다음과 같이 세 가지로 설명하였다.[195]

부모를 공경하는 것은

첫째, 자녀들이 부모를 정중하게 존경하는 마음으로 모시는 것이다.

칼빈은 비록 부모가 자녀들의 존경을 받을 수 없을 만큼 악하고 불경건한 부모라 할지라도 하나님께서 세우신 부모 공경이라는 영구한 법칙은 인간의 죄 때문에 파괴되는 것이 아니라고 말한다. 부모의 사람됨이 어떠하든지 하나님께서 자기에게 주신 부모인 만큼, 자녀는 자기의 부모를 존경하는 것이 마땅하다고 강조한다.

부모를 공경하는 것은

둘째, 자녀들이 부모의 명령을 순종하고 그들의 다스림을 받는 것이다.

부모에게 순종하지 않는 것은 부모를 무시하는 것이다. 사도 바울은 자녀들에게 무조건 부모에게 순종하라고 권면하는 것이 아니라 "주 안에서" 순종하라고 말씀한다. 이 말은 부모가 하나님의 권위를 침해하는 것을 명령할 때는 거절할 수 있다는 뜻이다. 칼빈은 부모가 하나님의 권위를 침해하는 부당한 것을 요구하지 않는 한 최대한 순종해야 한다고 말한다.

끼쳐드리지 않는 것이다. 또 장성해서 출사하는 것(관직에 오르는 것)이 효를 행하는 것이다. 그래서 머리카락 하나 마음대로 자르지 못하는 것이고, 자식으로서 도리를 다하기 위해 과거에 급제할 때까지 평생 서책을 끼고 사는 것이 동양의 효 사상이다.

195) 칼빈, 『칼빈주석 4 - 출애굽기 레위기 민수기, 신명기 II』, 453-55를 보라.

부모를 공경하는 것은

셋째, 자녀들이 부모에게 감사하며 빚진 자의 심정으로 부모를 성심껏 섬기는 것이다.

제5계명은 부모의 통제 아래 있는 어린아이들이 아니라 그 자신이 부권을 행사하고 있고 연로한 부모를 당연히 공경해야 할 성인에게 주어진 말씀이다.[196] 따라서 제5계명은 어린 자녀들이 부모에게 위계질서 안에서 행하는 순종이나 존경 정도가 아니라 성인이 자기 부모의 생계를 책임지도록 하는 구체적인 명령이다.[197]

예수님께서도 제5계명이 부모에 대한 경제적인 봉양을 포함하는 것으로 말씀하셨다(막 7:10-13).

> **막 7:10-14** [10]모세는 네 부모를 공경하라 하고 또 아버지나 어머니를 모욕하는 자는 죽임을 당하리라 하였거늘 [11]너희는 이르되 사람이 아버지에게나 어머니에게나 말하기를 내가 드려 유익하게 할 것이 고르반 곧 하나님께 드림이 되었다고 하기만 하면 그만이라 하고 [12]자기 아버지나 어머니에게 다시 아무 것도 하여 드리기를 허락하지 아니하여 [13]너희가 전한 전통으로 하나님의 말씀을 폐하며 또 이같은 일을 많이 행하느니라 하시고 [14]무리를 다시 불러 이르시되 너희는 다 내 말을 듣고 깨달으라

칼빈은 "자녀들이 장성하면 부모를 보살펴 주어야 한다. 자기 부모가 경제적으로 무능력하다고 불평하거나 소홀히 다루며, 부모에게 필요한 것들을 공궤하지 않는 자들은 가증스러운 야만인과 같다."[198]라고 말한다. 부

---

196) 노트, 『국제성서주석: 출애굽기』, 197-98.
197) 김선종, 『떨불 속 두 돌판: 십계명의 신학과 윤리』, 162.
198) 칼빈, 『칼빈주석 4 - 출애굽기 레위기 민수기, 신명기 II』, 455.

모를 공경하는 것은 "노년의 부모를 위해 죽을 때까지 음식, 옷, 거주지 등의 구체적인 적절한 봉양을 하는 것은 물론, 나아가 예를 갖추어 대하며 조심스레 공경하는 것, 그들의 생활력이 상실되었을 때에 부모로서의 위치에 합당하게 대우를 해주는 것, 그리고 마지막으로 예를 갖춘 장례를 치르는 것"[199]을 의미한다.

▌부모 공경의 확대

제5계명의 의미는 단순히 부모가 늙었을 때 재정적인 봉양을 하는 것으로 제한되지 않는다.[200] 이 계명의 원래 목적은 앞의 네 계명과 마찬가지로 여호와 하나님과의 종적인 관계 확립에 있다. 즉, 부모의 권위에 자식들이 순종함으로 자동적으로 부모의 신앙을 전수토록 하기 위한 것이다.

또 제5계명이 사회적 필요를 공급하는 것뿐만 아니라 가정 안에서의 영적 우선순위를 말하고 있다는 데는 의심의 여지가 없다. 부모를 공경하는 것은 부모의 믿음을 따른다는 의미이다. 하나님께서는 시내 산에서 이스라엘 백성들과 언약을 맺으심으로 가정의 영적 가치관이 중요한 믿음의 공동체가 되게 하셨다. 자녀 교육은 믿는 부모에게 맡겨졌으며, 부모는 자녀들과 함께 주의 진리를 나누고, 자녀들은 부모로부터 그 진리를 감사함

---

199) 프랑크 크뤼제만, 『자유의 보존, 사회사적 관점에서 본 십계명의 주제』, 77.

200) 차일즈는 십계명 제5계명의 삶의 자리는 노쇠하거나 병이 들어 더는 기동할 수 없는 부모를 가정으로부터 추방한 관습이라고 보았다. Brevard S. Childs, *Old Testament Theology in a Canonical Context* (Philadelphia: Fortress, 1985), 72; 이러한 입장에서 폰 라드는 이 계명은 미성숙한 자녀들에게 주어진 계명이 아니라 부모를 봉양할 의무가 있는 성인들에게 주어진 것이라고 한다. Gerhard von Rad, *Deuteronomy, Old Testament Library* (Louisville, KY: Westminster John Knox Press, 1966), 138; 마르틴 노트도 이 계명은 부권 아래 있는 어린아이들을 향한 것이 아니라 연로한 부모를 당연히 공경해야 할 성인들을 향한 것이라고 주장한다. 노트, 『국제성서주석: 출애굽기』, 197-98.

으로 받아야 했다.[201]

성경에서 흥미로운 것은 부모 공경을 말할 때 한글 성경으로는 구분하기 어려우나 히브리어 성경을 보면, 출애굽기 20:12에서는 "너의 아버지와 너의 어머니를 공경하라"(כַּבֵּד אֶת־אָבִיךָ וְאֶת־אִמֶּךָ, 카베드 에트-아비카 베에트-임메카)라고 말씀하는 반면 레위기 19:3에서는 "각 사람은 그의 어머니와 그의 아버지를 공경하라"(אִישׁ אִמּוֹ וְאָבִיו תִּירָאוּ, 이쉬 임모 베아비우 티라우)[202]라고 말씀한다. 일반적으로 히브리어에서는 앞에 나오는 단어에 강조점이 있다. 레위기 19:3에서 왜 아버지와 어머니의 순서를 바뀌었는지에 대한 아무런 설명이 없으나, 분명한 사실은 하나님께서 부모를 동등하게 공경하라고 강조해서 명령하셨다는 것이다. 제5계명에서 어머니라는 이름이 명백하게 사용되고 있는 것은 자녀들이 어머니를 업신여기고 얕잡아 보지 못하게 하려는 것이다.

가정에서 부모의 권위가 이렇게 중요하고 소중한 것이기에 부모는 자녀들에게 공경받을 만한 신앙과 건덕의 본이 되어야 한다. 부모는 먼저 하나님 앞에서 바른 신앙과 바른 생활의 본이 되어야 한다. 그뿐만 아니라 부모는 자녀들 앞에서 자기의 부모를 공경하는 본이 되어야 한다. 부모 공경은 부모가 요구해서, 또 명령해서 되는 것이 아니다. 부모가 먼저 부모 공경의 본을 보이면 자식들도 부모를 공경하게 된다. 또 하나님의 백성들은 각각 자기 부모뿐만 아니라 공동체의 모든 어른을 공경해야 한다.[203]

---

201) 브라운, 『신명기 강해』, 125.

202) 개역성경이나 개역개정은 "너희 각 사람은 부모를 경외하라"라고 번역하였다.

203) 칼빈, 『기독교강요』, II, 8. 35. 칼빈은 부모를 공경하라는 하나님의 명령을 제유법으로 보았다. 따라서 제5계명은 하나님께서 세우신 모든 권위를 존중하고 복종하라는 하나님의 말씀이라고 주장한다. 환유법과 제유법은 모두 대유법에 속하는 수사법이다. 사물의

레 19:32 너는 센 머리 앞에서 일어서고 노인의 얼굴을 공경하며 네 하나님을 경외하라 나는 여호와이니라

　다이어네스는 "부모를 공경하라"라는 계명은 인간 권위의 모든 영역을 다루는 것이라고 한다.[204] 나이가 들어가면서 염치없이 말하고 행동하는 자들이 다소 있을지라도 하나님께서는 노인들을 공경하라고 말씀하신다. 흰 머리에 정중한 지혜가 수반되지 않더라도 노년 그 자체는 존엄하다는 것이 하나님의 계명이다.[205]

속성을 들어서 전체나 자체를 나타내면 환유법(일부를 통해 사상을 표현)이고, 사물의 부분을 들어서 그 전체나 자체를 나타내면 제유법(일부를 써서 전체를 표현)이다.

대유법	제유법	사물의 일부나 전체 중 하나의 종류로 전체를 대신해서 표현하는 방법 예) 빼앗긴 들에도 봄은 오는가. / 인간은 빵만으로 살 수 없다.
	환유법	사물의 속성으로 자체나 전체를 대신하는 방법 예) 개똥도 약에 쓰려면 없다. / 펜은 칼보다 강하다. / 너는 집안의 기둥이다.

204) William Dyrness, *Themes in Old Testament Theology* (Downers Grove: IVP, 1979), 177.

205) 칼빈은 "노인들에게는 하나님의 위엄이 빛나고 있으므로 우리는 이것을 보고 부모를 공경해야 마땅하다는 것이 하나님의 가르침이다."라고 말한다. 칼빈, 『칼빈주석 4 - 출애굽기 레위기 민수기, 신명기 II』, 465.

제6계명
살인하지 말라

> 하나님은 생명을 주시는 분이다.
> 호흡은 새로 창조된 인간에게 주신 독특한 선물이며,
> 어떤 사람도 다른 사람에게서 무한히 값진 그 선물을
> 빼앗아 갈 권리가 전혀 없다.[206]

하나님께서는 제6계명에서 "살인하지 말라"라고 명하신다. 성경에서 살인을 금한 최초의 언급은 창세기 9:6이다. 하나님께서는 홍수 심판 이후에 노아와 언약을 세우시면서 "다른 사람의 피를 흘리면 그 사람의 피도 흘릴 것"이라고 말씀하셨다. 하나님께서는 노아에게 살인자에 대한 처벌과 더불어 살인하면 안 되는 이유를 분명하게 밝히셨다: "이는 하나님이 자기 형상대로 사람을 지으셨음이니라". 살인은 하나님의 형상으로 창조된 인간의 존엄성과 가치에 대한 모독이며 침해이다.[207] 하나님의 형상대로 지음받은 인간의 생명을 강제로 빼앗는 것은 있어서는 안 될 가장 큰 죄악이다. 따라서 하나님께서는 살인자를 반드시 죽이라고 엄히 명하신다. 고의로든 실수로든 다른 사람의 생명을 해치는 일은 절대로 하지 말아야 한다.

---

206) 브라운, 『신명기 강해』, 126.
207) 우즈, 『신명기 - 틴데일 구약주석 시리즈 5』, 170.

: 살인하지 말라

출애굽기 20:13

לֹא תִּרְצָח

살인하지 말라

신명기 5:17

לֹא תִּרְצָח

살인하지 말지니라

제6계명의 내용은 간단하다. 하나님께서는 "살인하지 말라"(לֹא תִּרְצָח, 로 티르짜흐)라고 명하신다.[208] רָצַח(라짜흐, "살인하다, 죽이다")는 구약에서 47회 나타난다.[209] רָצַח는 대부분 개인적으로 원수를 죽이는 경우에 사용되고,[210] 의도적인 살인이나 모살(謀殺)에는 사용되지 않는다. 성경에서 רָצַח는 살인자에 대한 "피의 복수"와도 관련 있다[211](민 35:16, 25; 신 4:41-43; 수 20:3). 그래서 요더는 제6계명이 단순한 살인을 금한 것이 아니라 종족법에 따라 집행된 보복 차원의 사형을 금지하는 것이라고 주장한다.[212] 그러나 성경에서 רָצַח는 주로 고의적인 폭력에 의한 살인을 가리킨다.[213] 따라

---

208) לֹא תִּרְצָח(로 티르짜흐)를 ASV, KJV, RSV 등은 "죽이지 말라"라고 번역했고 NIV, NASB, NKJV, NRSV 등은 "살인하지 말라"라고 번역했다.

209) 크뤼제만, 『자유의 보존, 사회사적 관점에서 본 십계명의 주제』, 82.

210) J. J. Stamm and M. E. Andrews, *The Ten Commandments in Recent Research* (SBT, 2d Series 2; Naperville, Ill.: Allenson, 1967), 98-99. 박요한, 『십계명』, 105에서 재인용.

211) 강사문은 이 법의 본래 의도가 공동체 안에서 불화의 반복과 동족의 갈등으로 오는 피의 복수를 막기 위하여 주신 계명이라고 주장한다. 강사문, "살인 금지에 대한 연구", 「교회와 신학」 제22집 (1990): 85.

212) John H. Yoder, "Expository Article," *Interpretation*, 34 (1980): 396.

213) 정규남, 『구약개론』 (서울: 개혁주의신행협회, 1985), 24; 크뤼제만은 רָצַח는 한 인간을 폭력을 사용하여 죽이는 것을 의미한다고 말한다. 프랑크 크뤼제만, 『자유의 보존,

서 חצְרָת לֹא는 "죽이지 말라"(Thou shalt not kill)라는 번역보다 "살인하지 말라"(You shall not murder)라고 번역하는 것이 더 정확하다.[214]

רָצַח는 양식을 위해서 짐승을 잡는 것(창 9:3), 도둑의 침입에 대한 불가피한 살인(출 22:2), 우발적 살해(신 19:5), 국가에 의한 살인죄의 처형(창 9:6), 전쟁에서의 살인 등에는 적용되지 않는다.[215]

• 미쉬파팀의 규정

▌살인자에 대한 처벌규정

> **출 21:12-14** [12]사람을 쳐죽인 자는 반드시 죽일 것이나(מֹות יוּמָת, 모트 요마트) [13]만일 사람이 고의적으로 한 것이 아니라 나 하나님이 사람을 그의 손에 넘긴 것이면 내가 그를 위하여 한 곳을 정하리니 그 사람이 그리로 도망할 것이며 [14]사람이 그의 이웃을 고의로 죽였으면 너는 그를 내 제단에서라도 잡아내려 죽일지니라

출애굽기 21:12에서 하나님께서는 사람을 쳐죽인 자는 반드시 죽이라고 엄히 명하신다(레 24:17 참고). 출애굽기 21:14에서도 사람이 그의 이웃을 고의로 죽였다면 그 사람이 하나님의 제단에 있다 할지라도 잡아내려 죽이라고 말씀하신다. 하나님께서는 인간의 생명을 해치는 범죄에 대해 그 어느 사회보다도 엄중하게 처벌할 것을 명령하신다.

사회사적 관점에서 본 십계명의 주제』, 83; 부르크너는 "적절한 권한 없이 죽이는 것을 가리키는" 말이라고 한다. 브루크너, 『출애굽기』, 299.

214) 데오도르 H. 에프, 『창조의 하나님』, 고광자 역 (서울: 바울서신사, 1989), 218.

215) 크뤼제만, 『자유의 보존, 사회사적 관점에서 본 십계명의 주제』, 81; 강사문은 רָצַח가 같은 종족이나 부족들 간에 계획적이고 의도적인 살인을 하는 경우에 자주 사용되는 말이라고 한다. 따라서 십계명은 살인의 대상을 부족원이나 공동체의 일원으로 한정한다고 주장한다. 강사문, "살인 금지에 대한 연구", 81.

그러나 고의가 아니라 실수로 사람을 죽였을 경우에는 하나님께서 정하신 곳으로 피신하여 사형을 면할 수 있었다(출 21:13). 도피성은 피의 복수가 실행되는 것을 막기 위한 제도이다. 도망자는 재판 때까지 안전하게 있으면서 자기 자신의 무죄를 입증할 기회를 가질 수 있다. 그러나 의도적인 살인의 경우 도피성은 허용되지 않았다.

▌도둑을 죽였을 경우(정당방위)

> **출 22:2-3** [2] 도둑이 뚫고 들어오는 것을 보고 그를 쳐죽이면 피 흘린 죄가 없으나 [3] 해 돋은 후에는 피 흘린 죄가 있으리라

한밤중에 집에 침입한 도둑은 가족의 안전에 위협이 된다. 집주인은 자기와 가족의 생명을 보호하기 위해 필요한 조치를 취할 수 있으며 그 과정에서 도둑은 생명을 잃을 수도 있다. 도둑의 의도(훔치려 하든, 죽이려 하든, 둘 다이든)를 쉽게 판명할 수 없는 밤중에 그 도둑을 죽었다면 이것은 정당방위로 간주된다.[216] 따라서 죄가 되지 않는다. 그러나 대낮에 도둑을 죽이는 것은 죄가 된다(출 22:2-3).[217]

▌사형

사형은 인간의 생명에 대한 존중과 모순되지 않는다. 사형제도의 기초는 모든 생명의 신성함에 있다. 미쉬파팀에서 사형에 해당하는 죄의 유형

---

216) 카이저, 『구약성경윤리』, 124.

217) 주간주거침입과 야간주거침입 사이의 구별은 에슈눈나법전 제13조에도 나타난다. 여기에서는 muškēnum(무스케눔, "서민")의 집에 침입했다가 낮에 붙잡히면 은 십 세겔을 벌금으로 내야 하고, 밤에 침입했을 경우 반드시 죽이도록 규정한다. 함무라비 법전 제21조는 "만일 도둑이 집을 부수고 들어 왔다면 현장에서 죽일 수 있다."라고 규정한다. 권오윤, "출애굽기 20장-23장: 하나님의 계시로서의 언약서", 95.

은 살인죄, 유아 납치, 부모를 때리거나 저주하는 것, 무술,[218] 수간,[219] 그리고 거짓 우상에 제물을 받치는 죄 등이다. 이와 같은 죄는 하나님의 영광을 위하여 하나님의 형상으로 창조된 인류의 근본적인 존엄성에 대한 파괴행위이다. 따라서 중형으로 다스려진다.

반드시 사형에 처해야 하는 죄를 저지른 경우, 어떤 경우에도 속죄금으로 형벌을 면할 수 없다. 구약에서는 유일하게 소가 사람을 받아 죽게 한 경우 그 소의 임자는 속죄금을 내고 죽음을 면할 수 있었다. 소가 사람을 받아 죽인 것이 계획적이거나 의도적이 아니라 우발적이고 간접적이기 때문이다(출 21:29-30).

▌사람을 받는 소

출 21:28-32 [28]소가 남자나 여자를 받아서 죽이면 그 소는 반드시 돌로 쳐서 죽일 것이요 그 고기는 먹지 말 것이며 임자는 형벌을 면하려니와 [29]소가 본래 받는 버릇이 있고 그 임자는 그로 말미암아 경고를 받았으되 단속하지 아니하여 남녀를 막론하고 받아 죽이면 그 소는 돌로 쳐죽일 것이고 임자도 죽일 것이며 [30]만일 그에게 속죄금을 부과하면 무릇 그 명령한 것을 생명의 대가로 낼 것이요 [31]아들을 받든지 딸을 받든지 이 법규대로 그 임자에게 행할 것이며 [32]소가 만일 남종이나 여종을 받으면 소 임자가 은 삼십 세겔을 그의 상전에게 줄 것이요 소는 돌로 쳐서 죽일지니라

---

218) 이는 이웃의 재산과 그의 몸이나 생명까지 해하는 가장 사악한 방법이며 다른 한편으로 이웃을 해칠 목적으로 어둠의 세력을 사용하는 것은 이스라엘의 거룩한 자이신 여호와뿐 아니라 이스라엘의 신적 소명을 실제로 부인하는 것이었다. 카일, 델리취, 『카일·델리취 구약주석 2: 출애굽기』, 269.

219) 가나안에서는 동물과의 성행위가 성행했다. 히타이트 법전은 양, 암소, 돼지와의 수간은 금했지만, 말과 나귀와의 수간은 금하지 않았다. 하나님께서는 인간이 감각적이고 자기 파괴적인 문화로부터 성별 될 것을 요구하신다. 이스라엘은 여호와가 거룩하신 것처럼 거룩해야 한다. 권오윤, "출애굽기 20장-23장: 하나님의 계시로서의 언약서", 95.

출애굽기 21:28은 소가 남자나 여자를 받아서 죽이면 그 소는 반드시 돌로 쳐서 죽이도록 규정한다. 출애굽기 21:29-30은 소가 평소에 사람을 들이받는 버릇이 있고 소의 주인이 그에 대한 경고를 받았는데도 소를 제대로 단속하지 않아서 사람을 죽였을 경우 소와 소 주인 모두를 돌로 쳐죽이라고 명한다.[220]

소가 사람을 받아서 죽게 한 경우 받힌 사람의 사회적 신분이나 지위 고하와는 무관하게 그 소는 돌로 쳐죽임을 당한다(출 21:31-32). 그 이유는 남녀노소, 종, 자유인을 불문하고 모두가 하나님의 형상대로 지음을 받았기 때문이다.

▌태아 보호

출 21:22-25 [22]사람이 서로 싸우다가 임신한 여인을 쳐서 낙태하게 하였으나 다른 해가 없으면 그 남편의 청구대로 반드시 벌금을 내되 재판장의 판결을 따라 낼 것이니라 [23]그러나 다른 해가 있으면 갚되 생명은 생명으로, [24]눈은 눈으로, 이는 이로, 손은 손으로, 발은 발로, [25]덴 것은 덴 것으로, 상하게 한 것은 상함으로, 때린 것은 때림으로 갚을지니라

출애굽기 21:22은 사람이 서로 싸우다가 임신한 여인을 쳐서 낙태 (וְיָצְאוּ יְלָדֶיהָ, 베야쯔우 열라데하)하게 하였을 경우에 대한 처리 규정이다. 히브리어 יֶלֶד는 출생 시 생존할 수 없는 미성숙아를 지칭하는 용어로 "태의 소산"이라는 추상적 의미의 복수형태이다.[221] וְיָצְאוּ יְלָדֶיהָ는 문자적으

---

220) 그러나 고의적 범죄가 아니라 부주의해서 일어난 것이기 때문에 소 주인은 재판관이 정한 속죄금을 내고 목숨을 구할 수 있었다(출 21:30 참고).

221) Joe M. Sprinkle, "The Interpretation of Exodus 21:22-25 (Lex Talionis) and Abortion," *WTJ* 55 (1993): 250; 이에 대하여 카일은 태아가 하나 이상일 가능성을 추정하는 표현이라고

로는 "태아를 나오게 하다"라는 뜻으로 NIV, NKJV은 "조산"으로, NASB, NRSV는 "유산"으로 번역했다.[222]

하나님께서는 만일 임신한 여인에게 다른 상해가 없으면 남편의 청구대로 재판장의 판결을 따라 벌금을 내야 한다고 말씀하신다. 여인에게 다른 해가 없어도 벌금을 내는 것은 죽은 태아에 대한 책임을 묻는 것이다. 남편은 가해자의 생명을 요구하거나 생명을 대신할 벌금을 요구할 수 있다. 하나님께서는 임신한 여인을 쳐서 유산시킨 경우도 고의적인 살인이 아니라 우발적인 살인으로 간주하여 재판장의 판결을 따라 배상금을 내고 죽음을 면할 수 있도록 하신 것이다.

▎동해복수법

출애굽기 21:22-27은 소위 "동해복수법"(Lex Talionis)으로 알려져 있다. 많은 학자가 이 본문은 문자적으로 동일한 보복을 의미한다고 주장한다. 즉, 두 사람이 싸우다가 우발적으로 임신한 여자에게 해를 입힌 경우, 그 상해의 정도에 따른 동일한 복수를 정당화하고 있다는 것이다. 그러나 미쉬파팀의 문맥에서 볼 때 이 구절은 문자적이 아니라 상징적으로 해석해야 한다.

주장한다. C. F. Keil, *Commentary on the Old Testament: Pentateuch* (Grand Rapids: Eerdmans, 1978), 135; 카이저는 여러 명의 아이와 양성(either sex) 모두를 지칭하는 표현이라고 주장한다. 카이저, 『구약성경윤리』, 121.

222) R. N. Congdon은 의학적인 입장에서 출애굽기 21:22의 상황은 유산이라고 주장한다. R. N. Congdon, "Exodus 21:22-25 and the Abortion Debate," *BSac* 146 (1989): 140-42; Joe M. Sprinkle, "The Interpretation of Exodus 21:22-25 (Lex Talionis) and Abortion," 249에서 재인용.

그 이유는 **첫째**, 출애굽기 21:22-27을 문자적인 동해복수법으로 보는 것은 미쉬파팀의 다른 규정들의 용례와 일치하지 않는다.

> **출 21:26-27** [26]사람이 그 남종의 한 눈이나 여종의 한 눈을 쳐서 상하게 하면 그 눈에 대한 보상으로 그를 놓아 줄 것이며 [27]그 남종의 이나 여종의 이를 쳐서 빠뜨리면 그 이에 대한 보상으로 그를 놓아 줄지니라

예를 들어 출애굽기 21:26-27은 사람이 종의 눈이나 이를 상하게 하였을 경우 그 종이 똑같이 보복하도록 규정하지 않는다. 미쉬파팀은 종의 부채를 탕감하고 그를 놓아주도록 규정한다. 따라서 두 사람이 싸우다가 우발적으로 임신한 여자에게 해를 입힌 경우, 문자적으로 동해복수법을 적용하는 것은 본문의 문맥에도 어울리지 않는다. 문자적인 동해복수법의 적용은 비고의적인 살인이나 우발적인 사고로 사람을 죽였을 경우는 사형에 처하지 않는다는 규정과도 모순된다. 출애굽기 21:22-27은 동해복수법에 따른 문자적인 해석보다는 상징적인 해석을 요구한다.

둘째, 출애굽기 21:29-30은 보상금이 문자적인 보복을 대신할 수 있음을 보여 준다. 본래 받는 성질이 있는 소를 잘 단속하지 않아서 그 소가 사람을 죽게 하였다면 그 소의 주인은 "생명에는 생명으로"라는 원리에 따라 처벌을 받는다. 따라서 출애굽기 21:29은 소는 물론 그 주인도 죽이라고 규정한다. 그러나 미쉬파팀은 즉시 배상금의 가능성을 언급한다: "만일 그에게 속죄금을 명하면 무릇 그 명한 것을 생명의 속으로 낼 것이요"(출 21:30). 즉, 원칙적으로 다른 사람을 죽게 한 자는 동해복수법의 원리에 따라 그 사람의 생명도 박탈해야 하지만 피해자에게 배상금을 지불함으로써 대속할 수 있다. 미쉬파팀에서 동해복수법은 가해자를 실제로 사형에 처하는 대신 배상금을 지불하게 하는 제도 안에서 운용된다.

"생명은 생명으로" 대신하는 것을 보상금으로 대치할 수 있다는 또 다른 예를 열왕기서에서도 찾아볼 수 있다.

> **왕상 20:39** 왕이 지나갈 때에 그가 소리 질러 왕을 불러 이르되 종이 전장 가운데에 나갔더니 한 사람이 돌이켜 어떤 사람을 끌고 내게로 와서 말하기를 이 사람을 지키라 만일 그를 잃어 버리면 네 생명으로 그의 생명을 대신하거나 그렇지 아니하면 네가 은 한 달란트를 내어야 하리라 하였거늘

열왕기상 20:39에서 "네 생명으로 그의 생명을 대신"한다는 것은 사형을 의미한다. 본문은 사형에 해당하는 죄를 범했어도 은 한 달란트로 대속할 수 있는 명백한 대체 방법을 제시한다.

성경에서 동해복수법의 목적은, 상해에 대해 요구할 수 있는 형벌은 그 사람이 당한 상해의 정도에 비례하며 따라서 상해의 정도가 적을수록 형벌도 적어야 한다는 원리를 표현하는 것이다.

동해복수법을 언급하는 출애굽기 21:23-25은 상당히 시적인 표현이다. "생명은 생명으로"는 가장 심각한 경우, 즉 치명적인 상해를 의미한다. "눈은 눈으로, 이는 이로, 손은 손으로, 발은 발로"라는 표현은 머리끝에서 발끝까지 상해를 입은 신체 부위를 나타낸다. "덴 것은 덴 것으로, 상하게 한 것은 상함으로, 때린 것은 때림으로"는 다양한 형태의 상해를 표현한다. 이러한 표현을 통해 성경의 동해복수법은 문자적으로 대등한 복수를 규정하기보다는 상해의 정도에 따라 보상해야 한다는 원리를 제시한다.[223] 출애굽기 21:22과 21:30을 보면 보상은 상해를 당한 사람의 가족과

---

223) 권오윤, "출애굽기 20장-23장: 하나님의 계시로서의 언약서", 104.

가해자 사이에 협상을 통해 이루어지는 것으로 보인다. 그러나 쌍방이 합의하지 못할 경우 성경은 재판관을 통해 해결하도록 규정한다.

미쉬파팀의 동해복수법은 두 사람이 서로 다투다가 임신한 여자에게 해를 입히는 문맥에서 등장한다(출 21:22-25). 이어지는 법은 주인의 폭력으로 눈이나 이를 다친 종에게 자유를 주도록 규정한다. 의심할 여지 없이 상해를 입은 종은 자기 주인의 눈이나 이보다도 자유를 원할 것이다. 동해복수법은 여자와 아직 태어나지 않은 아이와 종들의 보호에 적용되었다. 미쉬파팀은 모든 사람을 위한 정의와 평등의 원리로서 동해복수법을 제시한다.

제7계명

간음하지 말라

:

남편들아 이와 같이 지식을 따라
너희 아내와 동거하고 그를 더 연약한 그릇이요
또 생명의 은혜를 함께 이어받을 자로 알아 귀히 여기라
이는 너희 기도가 막히지 아니하게 하려 함이라

(벧전 3:7)

: 간음하지 말라

출애굽기와 신명기에서 십계명 제7계명은 동일하다.

출애굽기 20:14

לֹ֣א תִּנְאָֽף

간음하지 말라

신명기 5:18

וְלֹ֣א תִּנְאָֽף

간음하지 말지니라

하나님께서는 제7계명에서 "간음하지 말라"라고 명하신다. 히브리어 נָאַף(나아프)는 "간음하다"라는 뜻으로 구약성경에 34회 나온다. 제6계명은 목적어가 없이 단순하게 לֹא תִנְאָף(로 티느아프, "너는 간음하지 말라")라고 표현되어 있다.[224] 구약성경에서 נָאַף는 거의 대부분 목적어 없이 사용된다. 목적어가 있을 때에는 사람이나 동물이 목적어로 나온다. נָאַף의 동의어로는 שָׁכַב(샤카브, "동침하다"), גִּלָּה עֶרְוָה(갈라 에르봐, 하체를 범하다), שְׁכֹבֶת(셰코베트, "통간, 교합") 등이 있다.

성경에서 간음은 한 남자가 "남의 아내", 곧 그의 "이웃의 아내"(레 20:10), 또는 "약혼한 처녀"와 성관계를 맺는 것이다(신 22:25).[225] 성경은 남자의 혼인 상태에 대해서는 별다른 언급이 없다.[226] 남자가 정혼하지 아니한 처녀를 범하는 것은 금지되어 있지만, 간음이라고 하지 않는다.[227]

성경에서 간음은 큰 죄(great sin) 또는 큰 악(great evil)이라 칭하고 있다.[228]

---

224) 크뤼제만은 마지막 두 계명, 즉 위증 금지와 탐욕 금지 계명이 "이웃"을 보호하고 있는 반면 "살인하지 말라, 간음하지 말라, 도둑질하지 말라"라는 세 계명에 목적어가 생략되어 있는 것은 이 계명들이 "보편적으로 효력을 갖는 것임을 입증"한다고 주장한다. 그는 이 세 계명이 대상을 특정하지 않는 것은 이 계명이 신분이나 계층의 차이 없이 모든 사람에게 적용된다는 것을 의미한다고 주장한다. 크뤼제만, 『자유의 보존, 사회사적 관점에서 본 십계명의 주제』, 79-80.

225) 권오윤, "출애굽기 20장-23장: 하나님의 계시로서의 언약서", 105. (레 20:10; 렘 29:23; 잠 6:27; 32-35; 호 3:3; 막 10:11-12; 롬 7:2-3)

226) 성경에서 남자는 결혼 여부와 상관없이 유부녀나 약혼한 여자와 동침하면 간음죄로 처벌을 받는다(겔 16:32).

227) 크뤼제만은 "제7계명은 이웃의 아내를 범함으로써 이웃의 결혼이 깨어지는 것을 막고 이웃의 자유와 권리를 보호하는데 그 취지가 있다."라고 말한다. 크뤼제만, 『자유의 보존, 사회사적 관점에서 본 십계명의 주제』, 86-87.

228) 더햄, 『출애굽기 WBC 주석』, 485.

창 20:9 아비멜렉이 아브라함을 불러서 그에게 이르되 네가 어찌하여 우리에게 이렇게 하느냐 내가 무슨 죄를 네게 범하였기에 네가 나와 내 나라를 큰 죄(חֲטָאָה גְדֹלָה, 하타아 게돌라)에 빠질 뻔하게 하였느냐 네가 합당하지 아니한 일을 내게 행하였도다 하고

창 39:7-10 [7] 그 후에 그의 주인의 아내가 요셉에게 눈짓하다가 동침하기를 청하니 [8] 요셉이 거절하며 자기 주인의 아내에게 이르되 내 주인이 집안의 모든 소유를 간섭하지 아니하고 다 내 손에 위탁하였으니 [9] 이 집에는 나보다 큰 이가 없으며 주인이 아무것도 내게 금하지 아니하였어도 금한 것은 당신뿐이니 당신은 그의 아내임이라 그런즉 내가 어찌 이 큰 악(הָרָעָה הַגְּדֹלָה, 하라아 하게돌라)을 행하여 하나님께 죄를 지으리이까 [10] 여인이 날마다 요셉에게 청하였으나 요셉이 듣지 아니하여 동침하지 아니할 뿐더러 함께 있지도 아니하니라

선지자들은 "간음"이라는 단어를 형이상학적으로 사용했다(대상 5:25; 호 4:13-14).

대상 5:25 그들이 그들의 조상들의 하나님께 범죄하여 하나님이 그들 앞에서 멸하신 그 땅 백성의 신들을 간음하듯 섬긴지라

호 4:13-14 [13] 그들이 산 꼭대기에서 제사를 드리며 작은 산 위에서 분향하되 참나무와 버드나무와 상수리나무 아래에서 하니 이는 그 나무 그늘이 좋음이라 이러므로 너희 딸들은 음행하며 너희 며느리들은 간음을 행하는도다 [14] 너희 딸들이 음행하며 너희 며느리들이 간음하여도 내가 벌하지 아니하리니 이는 남자들도 창기와 함께 나가며 음부와 함께 희생을 드림이니라 깨닫지 못하는 백성은 망하리라

선지자들은 이스라엘 백성의 우상 숭배를 지적할 때 "간음"이라는 단어를 사용했다. 그러나 십계명에서 "간음하지 말라"라는 계명은 살인(제6계명)과 도둑질을 금하는 계명(제8계명) 사이에 들어 있다. 이것은 간음이 곧

사람과 사람 사이에서 발생하는 죄악이라는 것을 의미한다. 우상 숭배에 대한 금지는 제1계명과 제2계명에서 집중적으로 다루고 있다. 따라서 제7 계명에서 간음의 형이상학적 의미를 언급할 필요는 없다.[229]

무엇보다도 간음은 창조질서와 결혼제도에 대한 죄악이다. 이것은 또한 다른 사람의 인권을 침해하는 것이기 때문에 하나님의 언약으로 새롭게 창조하신 거룩한 공동체에 대한 죄악이기도 하다. 고대 근동에서는 간음 을 남편에 대한 죄로 간주하였다. 그러나 성경은 간음을 부부 사이의 결혼 언약에 대한 위반인 동시에 하나님과 맺은 언약에 대한 위반으로 간주한 다(말 2:14-15).

십계명 제7계명은 결혼 관계를 전제로 한다. 제7계명이 성과 관련된 모 든 죄를 규제하기 위해 있는 계명이 아니다.[230] 제7계명은 남편과 아내가 서로에게 충실함으로 결혼 관계를 잘 유지하며 가정을 지키게 하는데 목 적이 있다.[231]

⁝ 미쉬파팀의 규정

미쉬파팀에서 제7계명에 관련된 말씀은 종들의 해방을 언급하는 안식 년 규정(출 21:2-11)과 약혼한 처녀와의 동침(출 22:16-17), 동물과의 동침(출 22:19) 등이며 이와 관련된 처벌규정은 언급되지 않는다.

---

229) 권오윤, "출애굽기 20장-23장: 하나님의 계시로서의 언약서", 105.
230) 김지찬, 『데칼로그, 십계명을 어떻게 이해할 것인가』, 345.
231) 박요한, 『십계명』, 122.

┃ 종들의 해방

> **출 21:2-11** ²네가 히브리 종을 사면 그는 여섯 해 동안 섬길 것이요 일곱째
> 해에는 몸값을 물지 않고 나가 자유인이 될 것이며 ³만일 그가 단신으로 왔
> 으면 단신으로 나갈 것이요 장가들었으면 그의 아내도 그와 함께 나가려니
> 와 ⁴만일 상전이 그에게 아내를 주어 그의 아내가 아들이나 딸을 낳았으면 그
> 의 아내와 그의 자식들은 상전에게 속할 것이요 그는 단신으로 나갈 것이로되
> ⁵만일 종이 분명히 말하기를 내가 상전과 내 처자를 사랑하니 나가서 자유인
> 이 되지 않겠노라 하면 ⁶상전이 그를 데리고 재판장에게로 갈 것이요 또 그를
> 문이나 문설주 앞으로 데리고 가서 그것에다가 송곳으로 그의 귀를 뚫을 것이
> 라 그는 종신토록 그 상전을 섬기리라 ⁷사람이 자기의 딸을 여종으로 팔았으
> 면 그는 남종 같이 나오지 못할지며 ⁸만일 상전이 그를 기뻐하지 아니하여 상
> 관하지 아니하면 그를 속량하게 할 것이나 상전이 그 여자를 속인 것이 되었
> 으니 외국인에게는 팔지 못할 것이요 ⁹만일 그를 자기 아들에게 주기로 하였
> 으면 그를 딸 같이 대우할 것이요 ¹⁰만일 상전이 다른 여자에게 장가들지라도
> 그 여자의 음식과 의복과 동침하는 것은 끊지 말 것이요 ¹¹그가 이 세 가지를
> 시행하지 아니하면, 여자는 속전을 내지 않고 거저 나가게 할 것이니라

하나님께서는 유대인들 가운데 부득이하게 종으로 팔려 왔을지라도 일
곱째 해에는 몸값을 물지 않고 자유인이 되게 하라고 명하신다(출 21:2). 출
애굽기 21:3-11은 종으로 팔려 온 가난한 사람의 결혼에 대한 권리를 보
호하는 규정이다. 특별히 출애굽기 21:7-11은 종으로 팔려 온 여자가 다시
첩으로 팔리는 것을 금지하는 규정이다. 만약 그 여자가 가난 때문에 종으
로 팔려 와서 상전이나 상전의 아들과 결혼했다면 그 여자는 사회적으로
나 법적으로 온전한 권리를 가진 합법적인 아내가 되거나 속전을 내지 않
고 자유민이 되게 하라고 규정한다.[232]

---

232) Jeo M. Sprinkle, *The Book of Covenant: A Literary Approach*, Journal for the Study of the
Old Testament Supplement Series No. 174 (Sheffield, England: Sheffield Academic Press,

▌약혼하지 않은 처녀와 동침한 경우

> **출 22:16-17** ¹⁶사람이 약혼하지 아니한 처녀를 꾀어 동침하였으면 납폐금을
> 주고 아내로 삼을 것이요 ¹⁷만일 처녀의 아버지가 딸을 그에게 주기를 거절하
> 면 그는 처녀에게 납폐금으로 돈을 낼지니라

출애굽기 22:16-17은 약혼하지 않은 처녀들에 대한 보호 규정이다. 만일 "사람이 약혼하지 아니한 처녀를 꾀어 동침하였으면(שכב עם) 납폐금 (מהר, 모하르, "결혼지참금")을 주고 그 처녀와 결혼해야 한다. 그러나 이러한 납폐금과 결혼 제의가 죄를 씻지는 못했으며, 처녀의 아버지가 그 결혼 제의를 거절해도 납폐금은 반드시 내야 한다. 이런 점에서 제7계명의 "간음하지 말라"라는 계명은 사통(私通, 부부가 아닌 남녀가 몰래 정을 통함)과 구별된다.[233]

▌짐승과 동침한 경우

> **출 22:19** 짐승과 행음하는 자는 반드시 죽일지니라

하나님께서는 짐승과 행음하는(שכב עם, 샤카브 임, "동침하다") 자는 누구든지 반드시 죽이라고 명하신다.

1994), 71-72.

233) 카이저, 『구약성경윤리』, 109.

제7계명의 확장

십계명과 미쉬파팀에서는 제7계명이 많이 언급되지 않았으나 레위기 17장과 22장, 신명기 22장 등에서 제7계명과 관련된 구체적인 사례들을 언급하며 이에 대한 처벌을 상세하게 규정하고 있다.

▌가증스럽고 문란한 행위

레 18:6-23 [6]각 사람은 자기의 살붙이를 가까이 하여 그의 하체를 범하지 말라 나는 여호와이니라 [7]네 어머니의 하체는 곧 네 아버지의 하체이니 너는 범하지 말라 그는 네 어머니인즉 너는 그의 하체를 범하지 말지니라 [8]너는 네 아버지의 아내의 하체를 범하지 말라 이는 네 아버지의 하체니라 [9]너는 네 자매 곧 네 아버지의 딸이나 네 어머니의 딸이나 집에서나 다른 곳에서 출생하였음을 막론하고 그들의 하체를 범하지 말지니라 [10]네 손녀나 네 외손녀의 하체를 범하지 말라 이는 네 하체니라 [11]네 아버지의 아내가 네 아버지에게 낳은 딸은 네 누이니 너는 그의 하체를 범하지 말지니라 [12]너는 네 고모의 하체를 범하지 말라 그는 네 아버지의 살붙이니라 [13]너는 네 이모의 하체를 범하지 말라 그는 네 어머니의 살붙이니라 [14]너는 네 아버지 형제의 아내를 가까이 하여 그의 하체를 범하지 말라 그는 네 숙모니라 [15]너는 네 며느리의 하체를 범하지 말라 그는 네 아들의 아내이니 그의 하체를 범하지 말지니라 [16]너는 네 형제의 아내의 하체를 범하지 말라 이는 네 형제의 하체니라 [17]너는 여인과 그 여인의 딸의 하체를 아울러 범하지 말며 또 그 여인의 손녀나 외손녀를 아울러 데려다가 그의 하체를 범하지 말라 그들은 그의 살붙이이니 이는 악행이니라 [18]너는 아내가 생존할 동안에 그의 자매를 데려다가 그의 하체를 범하여 그로 질투하게 하지 말지니라 [19]너는 여인이 월경으로 불결한 동안에 그에게 가까이 하여 그의 하체를 범하지 말지니라 [20]너는 네 이웃의 아내와 동침하여 설정하므로 그 여자와 함께 자기를 더럽히지 말지니라 [21]너는 결단코 자녀를 몰렉에게 주어 불로 통과하게 함으로 네 하나님의 이름을 욕되게 하지 말라 나는 여호와이니라 [22]너는 여자와 동침함 같이 남자와 동침하지 말라 이는 가증한 일이니라 [23]너는 짐승과 교합하여 자기를 더럽히지 말며 여자는 짐승 앞에 서서 그것과 교접하지 말라 이는 문란한 일이니라 레위기 18:6-23은 אַף(가납, "간음하다")의 동의어인 שָׁכַב(샤카브, "동침하다"), גִּלָּה עֶרְוָה(갈라 에르봐, 하체를 범하다), שְׁכֹבֶת(셰코베트, "통간, 교합") 등을 모두 사용하여 제7계명과 관련된 죄악들을 열거한다.

여호와 하나님께서는 사람이 자기의 살붙이(혈연관계, 근친)의 "하체를 범하기 위하여 가까이하지 말라"(לֹא תִקְרְבוּ לְגַלּוֹת עֶרְוָה, 로 티크레부 레갈로트 에르봐)[234]라고 말씀하신다. 하나님께서는 살붙이의 대상(어머니, 네 아버지의 아내, 자매, 손녀나 외손녀, 고모나 이모, 숙모, 며느리)을 일일이 지목하시며 그들의 하체를 범하지 말라고 엄히 명하신다. 또 한 여인과 그 여인의 딸, 그 여인의 손녀나 외손녀의 하체를 아울러 범하지 말라고 명하신다. 네 이웃의 아내와 동침하지 말며(לֹא-תִתֵּן שְׁכָבְתֶּךָ, 로 티텐 쉐카브테카), 또한 여자와 동침하듯이 남자와 동침하지 말며(לֹא תִשְׁכַּב, 로 티쉐카브), 짐승과 교합(שְׁכָבְתְּךָ, 쉐카베카)[235]하지 말며, 여자는 짐승과 교접하기 위하여(לְרִבְעָהּ, 레브아흐)[236] 그 앞에 서지 말라고 명하신다.

---

234) גִּלָּה עֶרְוָה(갈라 에르봐, "하체를 범하다")는 문자적으로는 "외음부를 드러내다"라는 뜻으로 성경에서 נָאַף(나아프, "간음하다")의 동의어로 사용된다.

235) שְׁכֹבֶת(셰코베트)의 명사 여성 단수+2인 남성 단수 접미사의 형태이다. שְׁכֹבֶת는 동사 שָׁכַב(눕다)에서 유래했으며 "결합, 교접(합)"을 의미한다. 구약성경에서 이 단어는 4곳에서 사용되었다: 남녀 간의 간음(통간) - 레위기 18:20, 민수기 5:20, 짐승과의 교접(수간) - 레위기 18:23; 20:15.

236) 동사 רָבַע(라바, "눕다")의 칼, 부정사 연계형, 3인칭, 여성 단수 형태이며 구약성경에서는 "교접하다"라는 의미로 레위기 세 곳에서 이 단어가 사용되었다. 하나님께서는 여자가 짐승과 교접하는 것(레 18:23; 20:16)과 다른 종류의 가축을 서로 교접하는 것(레 19:19)을 금하셨다.

▌정혼한 여종과 동침한 경우

레 19:20-22 ²⁰만일 어떤 사람이 다른 사람과 정혼한 여종 곧 아직 속량되거나 해방되지 못한 여인과 동침하여 설정하면 그것은 책망을 받을 일이니라 그러나 그들은 죽임을 당하지는 아니하리니 그 여인이 해방되지 못하였기 때문이니라 ²¹그 남자는 그 속건제물 곧 속건제 숫양을 회막 문 여호와께로 끌고 올 것이요 ²²제사장은 그가 범한 죄를 위하여 그 속건제의 숫양으로 여호와 앞에 속죄할 것이요 그리하면 그가 범한 죄를 사함 받으리라

어떤 사람이 다른 사람과 정혼한 여종과 동침한 경우 그것은 책망받을 일이지만 죽임을 당하지는 않았다. 종은 주인에게 속한 자이기 때문에 정혼한 여종과 동침하였다고 해서 주인이나 여종을 죽이지 않았다. 그러나 그 주인은 속건제를 드려 죄 사함을 받아야 한다.

▌간음하는 자에 대한 처벌

하나님께서는 이스라엘 백성들이 십계명을 받고 시내 산을 떠나기 직전, 제7계명을 위반한 악행들을 열거하시면서 그에 대한 처벌을 엄히 명하셨다.

레위기 20장

레 20:10-16 ¹⁰누구든지 남의 아내와 간음하는 자 곧 그의 이웃의 아내와 간음하는 자는 그 간부와 음부를 반드시 죽일지니라 ¹¹누구든지 그의 아버지의 아내와 동침하는 자는 그의 아버지의 하체를 범하였은즉 둘 다 반드시 죽일지니 그들의 피가 자기들에게로 돌아가리라 ¹²누구든지 그의 며느리와 동침하거든 둘 다 반드시 죽일지니 그들이 가증한 일을 행하였음이라 그들의 피가 자기들에게로 돌아가리라 ¹³누구든지 여인과 동침하듯 남자와 동침하면 둘 다 가증한 일을 행함인즉 반드시 죽일지니 자기의 피가 자기에게로 돌아가리라 ¹⁴누구든지 아내와 자기의 장모를 함께 데리고 살면 악행인즉 그와 그들을 함께 불사를지니 이는 너희 중에 악행이 없게 하려 함이니라 ¹⁵남자가 짐승과

교합하면 반드시 죽이고 너희는 그 짐승도 죽일 것이며 ¹⁶여자가 짐승에게 가까이 하여 교합하면 너는 여자와 짐승을 죽이되 그들을 반드시 죽일지니 그들의 피가 자기들에게로 돌아가리라

하나님께서는 "남의 아내와 간음하는 자 곧 자기의 이웃의 아내와 간음하는 자"(레 20:10), "자기의 아버지의 아내와 동침하는 자"(레 20:11; 신 22:30 참조), "자기의 며느리와 동침하는 자"(레 20:12), "여인과 동침하듯 남자와 동침하는 자"(레 20:13), "아내와 자기의 장모를 함께 데리고 사는 자"(레 20:14), "짐승과 교합하는 남자"(레 20:15)와 "짐승과 가까이하여 교합하는 여자"(레 20:16)는 반드시 둘 다 죽이라고 명하셨다(레 20:10-16).

레 20:17-21 ¹⁷누구든지 그의 자매 곧 그의 아버지의 딸이나 그의 어머니의 딸을 데려다가 그 여자의 하체를 보고 여자는 그 남자의 하체를 보면 부끄러운 일이라 그들의 민족 앞에서 그들이 끊어질지니 그가 자기의 자매의 하체를 범하였은즉 그가 그의 죄를 담당하리라 ¹⁸누구든지 월경 중의 여인과 동침하여 그의 하체를 범하면 남자는 그 여인의 근원을 드러냈고 여인은 자기의 피 근원을 드러내었음인즉 둘 다 백성 중에서 끊어지리라 ¹⁹네 이모나 고모의 하체를 범하지 말지니 이는 살붙이의 하체인즉 그들이 그들의 죄를 담당하리라 ²⁰누구든지 그의 숙모와 동침하면 그의 숙부의 하체를 범함이니 그들은 그들의 죄를 담당하여 자식이 없이 죽으리라 ²¹누구든지 그의 형제의 아내를 데리고 살면 더러운 일이라 그가 그의 형제의 하체를 범함이니 그들에게 자식이 없으리라

또 하나님께서는 누구든지 "자기의 자매 곧 자기의 아버지의 딸이나 자기의 어머니의 딸의 하체를 범하는 자"(레 20:17), "월경 중의 여인과 동침하는 자"(레 20:18), "자기 이모나 고모의 하체를 범하는 자"(레 20:19), "자기의 숙모와 동침하는 자"(레 20:20), "자기의 형제의 아내를 데리고 사는 자"(레 20:21)들에 대하여 "둘 다 백성 중에서 끊어지리라", 혹은 "자식이 없이 죽

으리라"라고 말씀하신다(레 20:17-21).

신명기 22장

　하나님께서는 시내 산 언약을 맺으신 지 사십 년이 지난 후 출애굽 2세대와 그 언약을 다시 갱신하시고, 그에 대한 명확한 설명을 첨가하셨다.[237] 그 중, 신명기 22장에 제7계명을 위반한 자에 대한 처벌 규정이 구체적으로 묘사되어 있다.

> **신 22:22-30** [22]어떤 남자가 유부녀와 동침한 것이 드러나거든 그 동침한 남자와 그 여자를 둘 다 죽여 이스라엘 중에 악을 제할지니라 [23]처녀인 여자가 남자와 약혼한 후에 어떤 남자가 그를 성읍 중에서 만나 동침하면 [24]너희는 그들을 둘 다 성읍 문으로 끌어내고 그들을 돌로 쳐죽일 것이니 그 처녀는 성 안에 있으면서도 소리 지르지 아니하였음이요 그 남자는 그 이웃의 아내를 욕보였음이라 너는 이같이 하여 너희 가운데에서 악을 제할지니라 [25]만일 남자가 어떤 약혼한 처녀를 들에서 만나서 강간하였으면 그 강간한 남자만 죽일 것이요 [26]처녀에게는 아무것도 행하지 말 것은 처녀에게는 죽일 죄가 없음이라 이 일은 사람이 일어나 그 이웃을 쳐죽인 것과 같은 것이라 [27]남자가 처녀를 들에서 만난 까닭에 그 약혼한 처녀가 소리질러도 구원할 자가 없었음이니라 [28]만일 남자가 약혼하지 아니한 처녀를 만나 그를 붙들고 동침하는 중에 그 두 사람이 발견되면 [29]그 동침한 남자는 그 처녀의 아버지에게 은 오십 세겔을 주고 그 처녀를 아내로 삼을 것이라 그가 그 처녀를 욕보였은즉 평생에 그를 버리지 못하리라 [30]사람이 그의 아버지의 아내를 취하여 아버지의 하체를 드러내지 말지니라

---

237) 칼빈은 새로운 계명이 추가되는 것이 아니라 하나님의 언약이 더욱 뚜렷하고 분명하게 이해될 수 있도록 하나님께서 다시 반복하신 것이라고 말한다. Calvin, *Commentaries on the Four Last Books of Moses*, vol. I, 416.

신명기 22장의 간음죄에 대한 처벌 규정은 다음 세 가지로 요약할 수 있다.

첫째, 간음죄는 남녀를 함께 처벌해야 한다. 성경은 어떤 남자가 유부녀와 동침하거나, 약혼한 여자가 성읍 중에서 어떤 남자와 동침하면 둘 다 성읍 문으로 끌어내고 그들을 돌로 쳐죽이도록 규정한다. 남자는 결혼 여부와 상관없이 유부녀나 약혼한 여자와 동침하면 간음죄로 처벌을 받는다. 반대로 한 사람의 아내이거나 약혼한 여자가 남자와 동침한 경우, 그 여자는 상대의 혼인 여부와 상관없이 간음한 여인으로 간주되어 처벌을 받는다.

둘째, 그러나 남자가 어떤 약혼한 여자를 들에서 만나 강제로 범했을 경우 성경은 남자만 죽이도록 규정한다. 이는 인적이 드문 들에서 여자가 아무리 소리를 질러도 도움을 받을 수 없는 상황이었음을 고려한 조치이다.

셋째, 성경은 미혼 남녀가 서로 동침하던 중에 발각되면 적합한 절차를 거쳐 혼인시키도록 규정한다. 즉, 동침한 남자는 동침한 처녀의 아버지에게 은 오십 세겔의 납폐금을 주고 그 처녀를 아내로 삼아야 한다.

▌기타 규정

성경은 간음을 살인과 동일한 범죄 행위로 간주한다(신 22:26). 하나님께서는 간음하는 자는 반드시 죽이라고 엄히 명하셨다(레 20:10; 신 22:22).[238] 간음죄에 대한 처벌은 돌로 쳐죽이거나(신 22:24) 불로 태워(레 20:14; 21:9) 죽

---

238) 부르크너는 "성경에서 간음에 대해 사형을 선고한 것은 고대 근동의 법과 비교할 때 특별히 무거운 형벌"이었다고 주장한다. 브루크너, 『출애굽기』, 301.

이는 것이다. 성경은 다른 사람의 남편이나 남의 아내 또는 남의 약혼녀와 간음하는 것은 우상 숭배와 마찬가지로 여호와의 계명을 배신하는 행위로 간주한다. 그래서 간음은 이스라엘에서 우상 숭배에 빠지는 영적 간음 사상으로 자연스럽게 발전한다(사 57:1-13; 렘 3:6-9; 겔 23:36-49).

■ 부록: 제7계명 설교

조용한 심판

(요한복음 8:1-11)

예수님께서 간음하다가 현장에서 잡혀 온 한 여인을 어떻게 대하셨는가를 통해 제7계명을 살펴보고자 한다.

요 8:1-11 [1]예수는 감람 산으로 가시니라 [2]아침에 다시 성전으로 들어오시니 백성이 다 나아오는지라 앉으사 그들을 가르치시더니 [3]서기관들과 바리새인들이 음행중에 잡힌 여자를 끌고 와서 가운데 세우고 [4]예수께 말하되 선생이여 이 여자가 간음하다가 현장에서 잡혔나이다 [5]모세는 율법에 이러한 여자를 돌로 치라 명하였거니와 선생은 어떻게 말하겠나이까 [6]그들이 이렇게 말함은 고발할 조건을 얻고자 하여 예수를 시험함이러라 예수께서 몸을 굽히사 손가락으로 땅에 쓰시니 [7]그들이 묻기를 마지 아니하는지라 이에 일어나 이르시되 너희 중에 죄 없는 자가 먼저 돌로 치라 하시고 [8]다시 몸을 굽혀 손가락으로 땅에 쓰시니 [9]그들이 이 말씀을 듣고 양심에 가책을 느껴 어른으로 시작하여 젊은이까지 하나씩 하나씩 나가고 오직 예수와 그 가운데 섰는 여자만 남았더라 [10]예수께서 일어나사 여자 외에 아무도 없는 것을 보시고 이르시되 여자여 너를 고발하던 그들이 어디 있느냐 너를 정죄한 자가 없느냐 [11]대답하되 주여 없나이다 예수께서 이르시되 나도 너를 정죄하지 아니하노니 가서 다시는 죄를 범하지 말라 하시니라

예수님께서 성전에서 하나님의 말씀을 가르치고 계실 때 서기관과 바리새인들이 간음하다가 현장에서 잡혀 온 한 여인을 예수님 앞에 데리고 왔다. 그들은 예수께 다음과 같이 질문하였다.

"선생이여 이 여자가 간음하다가 현장에서 잡혔나이다. 모세는 율법에 이러한 여자를 돌로 치라 명하였거니와 선생은 어떻게 말하겠나이까?"

서기관과 바리새인들이 이 여인을 예수 앞에 데리고 와서 이렇게 질문하는 이유는 무엇인가? 성경은 이들의 의도를 분명하게 지적하고 있다.

"그들이 이렇게 말함은 고발할 조건을 얻고자 하여 예수를 시험함이러라"

간음하다가 현장에서 잡혀 온 이 여인을 어떻게 처벌할 것인가를 묻는 서기관과 바리새인들의 질문은 단순한 문제가 아니다. 지금까지 유대인들과 종교 지도자들은 예수님을 제거하기 위해서 호시탐탐 기회를 엿보고 있었다. 요한복음 7장에서 볼 수 있듯이 이들은 여러 차례 예수님을 잡아 죽이려고 하였으며 예수님께서도 이 사실을 잘 알고 계셨다.

요 7:1 그 후에 예수께서 갈릴리에서 다니시고 유대에서 다니려 아니하심은 유대인들이 죽이려 함이러라

요 7:14-19 [14]이미 명절의 중간이 되어 예수께서 성전에 올라가사 가르치시니 [15]유대인들이 놀랍게 여겨 이르되 이 사람은 배우지 아니하였거늘 어떻게 글을 아느냐 하니 [16]예수께서 대답하여 이르시되 내 교훈은 내 것이 아니요 나를 보내신 이의 것이니라 [17]사람이 하나님의 뜻을 행하려 하면 이 교훈이 하나님께로부터 왔는지 내가 스스로 말함인지 알리라 [18]스스로 말하는 자는 자기 영광만 구하되 보내신 이의 영광을 구하는 자는 참되니 그 속에 불의가 없느니라 [19]모세가 너희에게 율법을 주지 아니하였느냐 너희 중에 율법을 지키는 자가 없도다 너희가 어찌하여 나를 죽이려 하느냐

요 7:30 그들이 예수를 잡고자 하나 손을 대는 자가 없으니 이는 그의 때가 아직 이르지 아니하였음이러라

요 7:32 예수에 대하여 무리가 수군거리는 것이 바리새인들에게 들린지라 대제사장들과 바리새인들이 그를 잡으려고 아랫사람들을 보내니

요 7:43-49 [43]예수로 말미암아 무리 중에서 쟁론이 되니 [44]그 중에는 그를 잡고자 하는 자들도 있으나 손을 대는 자가 없었더라 [45]아랫사람들이 대제사장들과 바리새인들에게로 오니 그들이 묻되 어찌하여 잡아오지 아니하였느냐 [46]아랫사람들이 대답하되 그 사람이 말하는 것처럼 말한 사람은 이 때까지 없었나이다 하니 [47]바리새인들이 대답하되 너희도 미혹되었느냐 [48]당국자들이나 바리새인 중에 그를 믿는 자가 있느냐 [49]율법을 알지 못하는 이 무리는 저주를 받은 자로다

그러나 그들의 음모는 번번이 실패로 끝났다. 그러던 중 서기관과 바리새인들은 간음하다가 현장에서 잡힌 여인을 예수님 앞에 끌고 왔다. 예수님께서는 이 여인에 대해 어떻게 대답하실 것인가? 어떤 대답이 나오든지 서기관과 바리새인들은 예수님을 제거할 구실을 만들 수 있을 것이라고 생각했다.[239]

만약 예수님께서 율법의 규정에 따라 그 여인을 돌로 쳐죽이라고 대답하신다면 예수님 자신의 가르침, 즉 사랑을 말하고 용서를 말씀하시는 예수님의 주장과 상반된다는 점을 들어 예수님을 사람들을 미혹하는 거짓 선지자로 매도할 수 있을 것이다.[240] 또 예수님께서 이 여인을 율법에 따

239) 박윤선, 『성경주석-요한복음』(서울: 영음사, 1992), 270. "예수님께서 모세의 법대로 하라고 명하신다면 로마법에 걸리게 되고 모세의 법대로 하지 말라고 하신다면 산헤드린 공의회에 걸리게 될 것이다."

240) D. A. 카슨, 『요한복음』, 박문재 역 (서울: 솔로몬, 2017), 611. "예수님께서 모세 율법을

라 처형하라고 말씀하신다면 사법권을 허락하지 않는 로마 정부에 대한 도전으로 간주하여 예수님을 정치범으로 몰아 제거할 수 있을 것이다.[241] 그리고 만약 예수님께서 이 여인을 처벌하지 말라고 말씀하신다면 이들은 예수님을 율법의 권위를 부인하고, 율법을 거역하는 자라고 비난하며 "스데반과 같이" 즉결 처단할 수 있을 것이다(행 7장).[242]

따라서 간음하다가 현장에서 붙잡힌 이 여인을 어떻게 처벌할 것인가에 대해 섣불리 대답할 수 없는 상황이다. 그러나 이러한 사람들의 의중을 예수님께서 모르실 리가 없다. 예수님께서는 몸을 굽히사 손가락으로 땅에 무엇인가를 쓰셨다.[243] 서기관과 바리새인들의 거듭되는 질문에 예수님께서는 서서히 일어나 말씀하셨다.

"너희 중에 죄 없는 자가 먼저 돌로 치라"[244]

지지하는 경우에는, 그것은 백성들이 대체로 부정적으로 생각했을 뿐만 아니라 아마도 공적으로 집행되지도 않았던 형벌을 지지하는 꼴이 되는 것은 물론이고, 낙심한 자들이나 평판이 좋지 않은 자들을 불쌍히 여기고 기꺼이 용서하고자 하는 그의 잘 알려져 있는 성품 및 거듭남과 결부된 삶을 변화시키는 능력에 대한 그의 선포와도 모순되는 입장을 취하는 것으로 보이게 될 것이었다."

241) D. A. 카슨, 『요한복음』, 611. "모세 율법을 공식적으로 인정하는 것은 로마 당국과의 심각한 마찰을 빚는 결과를 초래하는 방식으로 해석될 소지가 있다. 왜냐하면, 예수님께서 모세의 이름으로 이 여자에게 사형을 선고하고, 그 선고가 실제로 집행된다면, 당시에는 로마 총독만이 사형 선고를 내릴 수 있는 권한을 지니고 있었던 까닭에, 그는 로마 총독의 독점적인 권한을 침해한 것이 될 것이었기 때문이다."

242) 예수님께서 모세 율법을 부정하는 경우, 예수님께 대한 백성들의 신망은 그 즉시 땅에 떨어지고, 예수님은 불법의 사람으로 낙인찍혀 법정에 고발될 수도 있다. 알버트 반즈, 『요한복음』, 정중은 역 (서울: 크리스챤서적, 1987), 204; D. A. 카슨, 『요한복음』, 611.

243) 카슨은 예수께서 왜 그리고 무엇을 썼는지에 대해서는 우리가 알지 못하는 것이 정답이라고 단언한다. D. A. 카슨, 『요한복음』, 612.

244) 알버트 반즈, 『요한복음』, 205. "죄인을 처형하는데 있어서 증인 중에 하나가 처형대로부터 피의자를 끌어내면 다른 증인이 첫 번째의 돌을 던지며 죄인에게 돌을 굴려 내린다.

즉, 율법에 따라 이 여인을 처벌하되 하나님 앞에서 죄가 없다고, 의롭다고 자부할 수 있는 자라야 율법에 따라 이 여인을 정죄할 수 있음을 지적하신 것이다. 이 말씀을 하시고 예수님께서는 다시 몸을 굽혀 손가락으로 땅에 무엇인가를 쓰셨다.[245] 그런데 성경을 보면 사람들이 예수님의 말씀을 듣고 양심의 가책을 느껴 어른으로 시작하여 젊은이까지 하나씩 하나씩 빠져나가고 오직 예수님과 그 가운데 서 있는 여자만 남았다고 한다. 잠시 후 예수님께서 일어나셔서 여자 외에 아무도 없는 것을 보시고 말씀하셨다.

신명기 17:6, 7을 보라. 이것은 증인이 증언을 한 책임을 느끼고 처형자 중의 하나가 되게 하기 위함이다. 그러므로 예수님께서는 그들을 시험하셨다. 그 여자에게 판결을 내리시지 않고 그들 중의 죄 없는 자들에게 처형인의 구실을 하라고 지시하신 것이다. 이렇게 말씀하신 것은 그들의 유죄성과 아무도 감히 그렇게 할 수 없으리라는 사실을 분명히 아셨기 때문이다."

245) D. A. 카슨, 『요한복음』, 612-13. "어떤 면에서 예수님께서 땅에 글을 쓴 것은 예수님의 대적자들의 질문에 대답하지 않고 지연하는 행위였기 때문에, 그들은 계속해서 예수님께 질문을 던졌다. 예수님께서 글을 쓴 것과 관련된 문제가 오늘날 우리에게 아무리 모호한 것이라고 해도, 그가 최종적으로 내놓은 대답은 너무나 명백하다. 너희 중에 죄 없는 자가 먼저 돌로 치라는 것은 신명기 13:9, 17:7(레 24:14 참조)에 직접적으로 근거를 둔 말씀이었다. 거기에 의하면, 범죄를 목격한 자들이 가장 먼저 돌을 던져야 했고, 그들은 그 범죄에 참여한 자들이어서는 안 되었다. 예수님의 말씀은 사형 선고가 정당하게 집행될 수 있기 위해서는 당국자들이 완벽하게 죄 없는 자들이어야 한다는 의미도 아니고, 정욕으로부터 자유로운 자들만이 간음을 저지른 자를 정당하게 단죄할 수 있다는 의미도 아니다(정욕과 간음은 동일한 욕망에 속하는 것이기는 하지만, 마 5:28). 그것은 단지 이 특정한 죄를 짓지 않은 자들만이 이 여자를 단죄할 수 있다는 것을 의미할 뿐이다. 성적인 죄를 지은 여자는 그녀의 상대인 남자보다도 법적으로나 사회적으로 위험에 처할 가능성이 훨씬 더 높다는 것은 온 세계의 많은 나라들에서나 여기에서나 마찬가지였다. 남자는 그 동일한 성적인 죄들을 적당히 은폐한 채 사회적으로 존경받을 만한 삶을 영위하는 것이 가능했다. 예수님께서는 너희 중에 죄 없는 자라는 단순한 조건을 내거는 것을 통해서, 모세의 율법에 정면으로 이의를 제기하지 않으면서도, 사람들이 들이대는 이중적인 잣대를 날카롭게 지적해서 그들의 양심을 강력하게 후벼 파며 공략하였다."

"여자여 너를 고발하던 그들이 어디 있느냐 너를 정죄한 자가 없느냐"
대답하되 "주여 없나이다"

예수께서 이르시되
"나도 너를 정죄하지 아니하노니 가서 다시는 죄를 범하지 말라" 하시니라

이것이 요한복음 8:1-10의 내용이다.

우리는 여기에서 먼저 생각해 보아야 할 중요한 사실이 있다. 당장이라도 간음하다 현장에서 잡혀 온 여인은 물론 예수님을 죽일 듯이 떠들어대던 유대인들이 예수님의 말씀 한마디, "너희 중에 죄 없는 자가 돌로 치라"라는 이 한마디의 말을 듣고 어른으로 시작하여 젊은이에 이르기까지 하나씩 하나씩 슬그머니 자리를 떠난 이유가 무엇인가? 성경은 그 이유에 대하여 그들이 "양심의 가책"을 느꼈기 때문이라고 설명한다(요 8:9). 왜 이 사람들이 "너희 중에 죄 없는 자가 먼저 돌로 치라"라는 예수님의 말씀을 듣고 양심의 가책을 받았을까? 사실 이들은 "양심을 찌르는 주님의 옳은 말씀의 권위 앞에서 아무 말도 못 하고 물러갈"[246] 만큼 순수하고 깨끗한 사람들이 아니다. 이들은 예수님을 시기하고 미워하여 죽이려고까지 한 사람들이다. 예수님을 모함하여 죽이려는 불순한 동기를 가지고 몰려든 이 사람들이 왜 스스로 발길을 돌려 슬그머니 사라질 수밖에 없었는가?

어떤 학자들은 이 여인이 성전 주위에서 몸을 파는 창기였을 것이라고 주장한다. 즉, 이 여자는 성전에 올라오는 대부분의 남자들과 성관계를 맺었고 이 사실을 알고 계신 예수님께서 "너희 중에 죄 없는 자가 돌로 치라"라고 하심으로 간음죄를 범한 서기관과 바리새인들을 향하여 역공을 취하

---

246) 박윤선, 『성경주석-요한복음』, 271.

신 것이라고 생각한다. 율법에 보면 간음죄는 남녀를 함께 처벌하도록 규정하고 있다. 따라서 오랫동안 이 여자를 상대했던 어른들로부터 젊은이에 이르기까지 슬그머니 자리를 피할 수밖에 없었을 것이라고 해석한다. 그럴 듯한 주장이긴 하지만 근거는 없다. 특히 이스라엘 역사상 성전 주변에서 직업적으로 몸을 파는 창기들이 존재할 가능성이나 근거는 거의 없다. 더군다나 서기관과 바리새인들이 공공연히 성전 주변에서 간음죄를 범했다고는 볼 수 없다. 이들은 자기 스스로 율법에 대해 의롭다고 자부하던 사람들이다(눅 18:11).

어떤 사람들은 간음하다가 현장에서 붙잡혀 왔다는 것조차도 예수를 시험하기 위하여 철저하게 조작된 음모였다고 주장한다.[247] 왜냐하면 간음 현장을 발각했다면 남자와 여자를 같이 끌고 와야 하는데 이들은 여자만 끌고 왔다.[248] 간음 현장을 목격했다는 증인에 대한 언급도 없다. 따라서 이 사건은 그저 예수를 제거하기 위한 음모에 불과하며[249] 이 여인 역시

247) D. A. 카슨, 『요한복음』, 609-10. "그들이 예수 앞에 데려온 여자는 간음을 하다가 현장에서 붙잡힌 여자였다. 간음은 사람이 혼자서는 범할 수 없는 죄이기 때문에, 왜 그녀와 함께 간음한 남자는 붙잡혀 오지 않았는지에 대하여 의문이 제기된다. 아마도 그 남자는 발 빠르게 도망을 쳤고, 혼자 남게 된 여자만이 적대적인 고소자들에게 붙잡혀 오게 된 것이거나, 고소자들이 극단적인 성차별주의자들이어서 오로지 여자만을 붙잡아 온 것일 수 있다. 그녀가 아무리 죄를 지었다고 해도, 이러한 불평등한 처사는 우리에게 그 여자를 불쌍히 여기는 마음을 불러일으킨다. 어쨌든 다음 절은 이 경우에 당국자들의 관심은 이 여자에 대해 공정한 재판을 행하는 데 있다기보다는 난처한 문제를 제기해서 예수를 궁지로 몰아넣고 함정에 빠뜨리고자 하는 데 있다는 것을 보여준다."
248) 카슨은 간음은 사람이 혼자서 범할 수 없는 죄이기 때문에 왜 그녀와 함께 간음한 남자를 붙잡아 오지 않았는지 의문이 제기된다고 말한다. D. A. 카슨, 『요한복음』, 609; 비슬리 머리는 "아마도 그 남편의 묵인하에 발생한 하나의 날조된 사건인 것 같다."라는 데렛의 말을 인용하면서 증명은 거의 불가능하지만 전적으로 가능한 일이라고 동조한다. 비슬리 머리, 『요한복음』, 이덕신 역 (서울: 솔로몬, 2001), 312.
249) 카슨은 이 사람들이 "근본적으로 간음죄를 범한 이 여자를 처벌하는 데에는 관심이 없었고 이 여자를 돌로 쳐서 죽여서 사람들에게 보이고자 하는 데는 더더욱 관심이

이 음모에 단순 가담한 죄 밖에는 없다는 것이다. 이 주장은 그럴듯하지만 "죄 없는 자가 돌로 치라"라는 예수님의 말씀에 다들 슬그머니 자리를 뜬 것과 관련하여 그 이유를 설명할 방법이 없다.[250]

우리는 이 상황을 이해하기 위해 간음죄에 해당하는 율법의 규정들을 살펴볼 필요가 있다. 율법에는 간음죄를 어떻게 다루어야 하는가에 대해 자세히 규정하고 있다. 신명기 22장에 간음죄에 대한 상세한 규정이 기록되어 있다. 신명기 22장에 나타난 간음죄에 대한 하나님의 말씀을 정리하면 다음과 같이 세 가지로 요약이 가능하다.

1. 간음죄는 남녀를 함께 처벌하도록 규정하고 있다.

신 22:22-24 [22]어떤 남자가 유부녀와 동침한 것이 드러나거든 그 동침한 남자와 그 여자를 둘 다 죽여 이스라엘 중에 악을 제할지니라 [23]처녀인 여자가 남자와 약혼한 후에 어떤 남자가 그를 성읍 중에서 만나 동침하면 [24]너희는 그들을 둘 다 성읍 문으로 끌어내고 그들을 돌로 쳐죽일 것이니 그 처녀는 성 안에 있으면서도 소리 지르지 아니하였음이요 그 남자는 그 이웃의 아내를 욕보였음이라 너는 이같이 하여 너희 가운데에서 악을 제할지니라

〈참조〉 **레 20:10** 누구든지 남의 아내와 간음하는 자 곧 그의 이웃의 아내와 간음하는 자는 그 간부와 음부를 반드시 죽일지니라

없었으며 단지 예수를 고소할 빌미를 얻기 위한 몫으로 이 질문을 사용한 것임을 보여 준다."라고 말한다. D. A. 카슨, 『요한복음』, 610.

250) 브라운은 신명기 17:6-7을 근거로 증인들이 고소인의 죽음에 특별한 책임이 있다고 주장한다. 남편이 아내를 질투하여 함정에 빠트릴 계략을 세우고 증인들은 이 계략에 동의한 것이다. 레이몬드 E. 브라운, 『앵커 바이블: 요한복음』, 최흥진 역 (서울: 기독교문서선교회, 2013), 746-47.

2. 저항할 수 없는 상황에서 남자가 여자를 강제로 범했을 경우에는 남자를 돌로 쳐죽이도록 규정한다.

신 22:25-27 [25]만일 남자가 어떤 약혼한 처녀를 들에서 만나서 강간하였으면 그 강간한 남자만 죽일 것이요 [26]처녀에게는 아무것도 행하지 말 것은 처녀에게는 죽일 죄가 없음이라 이 일은 사람이 일어나 그 이웃을 쳐죽인 것과 같은 것이라 [27]남자가 처녀를 들에서 만난 까닭에 그 약혼한 처녀가 소리 질러도 구원할 자가 없었음이니라

3. 미혼 남녀가 서로 통간 했을 경우 성경은 적절한 절차를 통해 결혼하도록 규정한다.

신 22:28-29 [28]만일 남자가 약혼하지 아니한 처녀를 만나 그를 붙들고 동침하는 중에 그 두 사람이 발견되면 [29]그 동침한 남자는 그 처녀의 아버지에게 은 오십 세겔을 주고 그 처녀를 아내로 삼을 것이라 그가 그 처녀를 욕보였은 즉 평생에 그를 버리지 못하리라

따라서 이러한 율법에 비추어 볼 때 한 가지 분명한 것은 간음죄에 있어서 여자만을 처벌할 수 있는 근거가 없다는 것이다. 그런데 서기관과 바리새인들은 간음죄를 범한 현장에서 여자만 잡아 왔다. 성경이 이 사건을 조작된 사건으로 말하지 않으므로 우리는 실제로 이 여인이 간음죄를 범한 것으로 보는 것이 타당하다. 그렇다면 왜 당사자인 남녀를 같이 잡아 오지 않고 여자만 잡아 왔을까? 브라운은 "아마 (남자가) 달아났을 것"이라고 가정한다.[251]

---

251) 브라운, 『앵커 바이블: 요한복음』, 745.

이 상황에 대한 가장 합리적인 추론은 이 여인은 몸을 팔아 생계를 유지할 수밖에 없는 창기였다는 것이다. 모세의 율법에 간음죄는 원래 당사자들을 모두 처벌하도록 규정하고 있는데 여자만 끌고 온 것으로 보아서 이 여인은 아마도 몸을 팔아 먹고사는 창기였을 것으로 여겨진다. 그래서 남자를 풀어주고 이 여자만 끌고 왔을 것으로 보인다.[252] 여기에서 우리는 이스라엘에서 과연 몸을 팔아 생계를 유지할 수밖에 없는 극단적인 상황이 발생할 수 있는가라는 문제를 제기할 수 있다.

> **신 23:17** 이스라엘 여자 중에 창기가 있지 못할 것이요 이스라엘 남자 중에 남창이 있지 못할지니

성경은 어려운 형편에 처한 사람들을 돌아보고 섬기도록 여러 가지 사항들을 규정하고 있다. 매 삼 년 끝에 그 해 소산의 십 분의 일을 각 성읍에 저축하여 성 중에 거류하는 객과 및 고아와 과부를 돌보도록 규정하고 있으며(신 14:28-29), 곡식을 추수할 때 밭에 두고 온 곡식단은 나그네와 고아와 과부를 위해서 남겨 두도록 규정하고 있다. 감람나무나 포도나무의 열매를 딴 후에도 객과 고아와 과부들을 위해 남은 것을 다시 따지 말고 남겨 두라고 말씀하신다(신 24:19-21). 하나님께서는 전당 잡은 겉옷은 해가 지기 전에 돌려주라고 말씀하셨으며(출 22:26), 심지어는 결혼한 형이 자녀

---

252) 예수를 궁지로 몰아넣기 위해서는 남자보다도 여자가 더 이용가치가 있다고 생각하였을 수도 있다. 율법에 따라 처벌하라는 가혹한 판결이 내려졌을 경우 예수를 제거하는데 더 호소력이 클 것으로 생각했기 때문이다. 물론 만약 누군가에게 명백한 잘못이 있다면 그 죄악성을 지적하고 회개를 촉구할 수 있겠으나 사람을 목적을 이루기 위한 수단으로 여기는 것은 아주 악한 생각이다. 율법은 다른 사람의 잘못을 지적하고 정죄하기 위해서 주어진 것이 아니라 하나님의 택하신 족속이요 왕 같은 제사장으로서 자기 스스로를 하나님 앞에서 살피고 점검하기 위하여 주어진 것이다. 그런데 누구보다도 율법을 잘 알고 있는 서기관과 바리새인들이 율법을 이용하여 다른 사람을 정죄하고, 또 율법을 이용하여 예수를 잡아 죽이려는 살인음모를 가지고 꾸미고 있는 것이다.

가 없이 죽었을 때 아우가 형수와 결혼하여 죽은 형제의 이름이 이스라엘 중에서 끊어지지 않게 하라고 말씀하셨다(신 25:6). 이는 가족 안에서 대를 잇고 생계를 유지할 수 있도록 하는 강제 규정이다. 하나님께서는 설령 돈 때문에 종으로 팔려 왔을지라도 희년이 되면 그를 자유롭게 하여 이스라엘 안에는 자발적으로 종이 된 사람을 제외하고는 영원한 종이 있을 수 없게 하셨다(레 25:39-41).

하나님께서는 이스라엘 백성들이 어느 성읍에 거하든지 주변에 가난한 자, 곤란한 자, 궁핍한 자가 있으면 그에게 손을 펼쳐서 필요한 대로 쓸 것을 넉넉히 꾸어 주라고 말씀하신다. 이것은 강제 규정이다. 하나님께서는 "너는 반드시 그에게 줄 것이요 줄 때에는 아끼는 마음을 품지 말 것이니라"라고 명령하셨다(신 15:7-11).

전쟁과 기근과 죽음 등으로 인해 고아나 과부가 있을 수 있지만 성경은 이들이 최소한의 생계를 유지할 수 있도록 배려하고 돌보아 주도록 규정한다. 그럼에도 유대 사회에서 생계를 위해 몸을 팔 수밖에 없는 여성들이 있다면 그것은 율법의 의무를 다하지 못한 것이 명백하다. 당시 로마의 식민 통치로 많은 사람이 어려움을 겪고 있었던 상황임을 감안하더라도 하나님의 말씀에 따라 이웃을 돌아보며 나누고 섬겨야 함은 당연하다. 하나님께서는 가난하고 궁핍한 형제를 돌아보지 아니하는 것 자체가 "네게 죄가 되리라"(신 15:9)라고 말씀하셨다. 하나님께서는 "반드시 네 땅 안에 네 형제 중 곤란한 자와 궁핍한 자에게 네 손을 펼지니라"(신 15:11)라고 말씀하셨다. 더군다나 이러한 사실을 바르게 선포하고 가르치고 또 본이 되어야 할 서기관과 바리새인들이 오히려 이 여인을 정죄하고 율법을 이용하여 살인 음모까지 꾸미고 있는 것이다.

따라서 예수님께서 "너희 중에 죄 없는 자가 돌로 치라"라고 했을 때 이들이 양심의 가책을 받은 것은, 이 여자가 이렇게 된 것은 바로 여기 모여 있는 모든 사람의 책임이라는 예수님의 준엄하신 선고가 담겨 있다. 즉, 아무도 돌아보는 사람 없이 어쩔 수 없는 상황에서 몸을 팔아 생계를 유지할 수밖에 없는 이 여인 앞에서 과연 너희가 율법을 논할 수 있는가? 이 여인을 이 지경까지 만든 장본인들이 바로 너희들이 아닌가? 라고 예수님께서 묻고 계신 것이다. 더군다나 다른 사람을 사랑하고 섬길 것을 요구하는 율법을 이용하여 다른 사람을 해치고자 하는 음모를 꾸미고 있는 이들의 죄악을 예수님께서 지적하고 계신 것이다. 이것은 살기등등하여 예수님 앞에 몰려왔던 서기관과 바리새인들은 물론 그 자리에 있던 누구도 아니라고 항변할 수 없는 명백한 죄악인 것이다.

이 여인의 상황은 율법을 순종하지 못한 죄로 인해 발생한 일이며, 따라서 그 누구도 이 여인을 정죄할 수 없다. 또 더는 율법을 이용해 예수님을 고소할 여지가 없게 되었다. 따라서 사람들은 양심의 가책을 받아 하나씩 하나씩 그 자리를 떠나가고 오직 예수님과 그 가운데 서 있는 여인만 남게 되었다.

이제 예수님께서 이 여인을 어떻게 대하시는지 주목할 순서가 되었다. 이 여인이 어떤 사람이며 어떻게 살아왔는가에 대해 본문은 언급하지 않는다. 우리는 단지 예수님의 말씀을 통해 예수님께서 이 여자를 어떻게 여기셨는지 알 수 있을 뿐이다. 예수님께서는 이 여인을 향하여 이렇게 말씀하셨다.

"나도 너를 정죄하지 아니하노니 가서 다시는 죄를 범하지 말라"

이 말씀을 통해 우리가 알 수 있는 사실은, 첫째로 예수님께서 이 여인의 죄를 분명히 지적하셨다는 것이다. 예수님께서는 죄를 죄가 아니라고 말씀하지 않으셨다. 우리가 지은 죄에 대해서 핑계할 수 없다. 죄는 죄다. 그러나 둘째로 중요한 것은 예수님께서 이 여인의 죄를 지적하시되 정죄하지 않겠다고 말씀하셨다는 것이다. 즉, 예수님께서는 이 여인의 죄를 용서해 주셨다. 그리고 셋째로 다시는 죄를 짓지 말라고 말씀하시며 재기할 수 있는 기회를 주셨다. 이 여인은 예수님으로 인해 하나님 앞에서 새로운 인생을 살 수 있는 소망을 얻게 된 것이다.

이 말씀 앞에서 우리는 우리의 모습을 생각해 보아야 한다. 이 여인뿐만 아니라 우리도 하나님 앞에서 죄인이다. 특히 제7계명에 대해 예수님께서는 마태복음에서 이렇게 말씀하셨다.

> **마 5:27-28** [27] 또 간음하지 말라 하였다는 것을 너희가 들었으나 [28] 나는 너희에게 이르노니 음욕을 품고 여자를 보는 자마다 마음에 이미 간음하였느니라

하나님께서는 마음의 내적 동기가 중요하다고 말씀하신다. 겉으로, 행동으로 드러나지 않았을 뿐이지 하나님 앞에서 우리는 여지없는 죄인이다. 하나님께서는 있는 것을 없다 하지 아니하실 것이다. 하나님은 죄를 죄가 아니라고 하지 아니하실 것이다. 우리의 마음의 중심을 보시는 하나님 앞에서 우리가 마음으로, 생각으로 또 행동으로 지은 모든 죄악대로 심판하신다면 우리는 하나님 앞에 설 자가 하나도 없을 것이다. 그러나 하나님께서는 자기의 죄악으로 인해 통회하며 자복하는 사람들에게 나도 너를 정죄하지 아니할 것이라고 말씀하신다. 그리고 다시는 죄를 짓지 말라고 말씀하신다.

우리가 이 세상을 살아갈 때 실수로 또는 잘못해서 죄를 범할 수 있다. 날마다 우리는 마음으로 죄를 짓고, 생각으로 죄를 지으며 살아간다. 그러나 이러한 것들이 한두 번일 때는 인간의 연약함으로 인한 실수이고 잘못일 수 있지만, 이러한 실수와 잘못이 계속해서 되풀이된다면 그것은 더는 실수가 아니고 나를 사망 가운데로 몰고 가는 죄악 된 성품일 것이다. 예수님께서는 마태복음 18:8-9에서 다음과 같이 말씀하셨다.

> **마 18:8-9** [8]만일 네 손이나 네 발이 너를 범죄하게 하거든 찍어 내버리라 장애인이나 다리 저는 자로 영생에 들어가는 것이 두 손과 두 발을 가지고 영원한 불에 던져지는 것보다 나으니라 [9]만일 네 눈이 너를 범죄하게 하거든 빼어 내버리라 한 눈으로 영생에 들어가는 것이 두 눈을 가지고 지옥 불에 던져지는 것보다 나으니라

실수하고 잘못을 범했을 때 돌이켜 회개해야 한다. "만일 우리가 우리 죄를 자백하면" 주께서 "우리 죄를 사하시며 우리를 모든 불의에서 깨끗하게 하여 주실 것이다"(요일 1:9). 그리고 우리는 그 실수와 잘못들을 되풀이하지 않도록 주의해야 한다. 예수님께서는 다시는 죄를 짓지 말라고 말씀하신다. 인간의 연약함으로 어쩔 수 없이 지은 죄도 죄는 죄이기 때문에 하나님 앞에서 철저하게 회개해야 한다. 그리고 무엇이 죄인가를 알았다면 다시는 동일한 죄가 되풀이되지 않도록 각별하게 주의를 기울여야 한다. 그러기 위해 하나님의 말씀 앞에서 부단히 자기 자신을 살피고, 하나님께서 깨달음을 주신 대로 "하나님의 말씀을 붙들고 순종하며 살게 하옵소서. 성령님 오늘도 나의 생각을 지키시고 마음을 지키시고 나의 입술을 지키시고 나의 발걸음을 인도하사 복음에 합당한 삶을 살게 하옵소서."라고 기도해야 할 것이다.

제8계명

도둑질하지 말라

•
•

그러므로 염려하여 이르기를
무엇을 먹을까 무엇을 마실까 무엇을 입을까 하지 말라
이는 다 이방인들이 구하는 것이라
너희 하늘 아버지께서 이 모든 것이
너희에게 있어야 할 줄을 아시느니라

(마 6:31-32)

마지막 세 계명은 우리의 행동(출 20:15; 신 5:19)과 말(출 20:16; 신 5:20)과 생각(출 20:17; 신 5:21)에 대한 계명이다. 하나님께서는 다른 사람의 것을 도둑질하지 말고, 거짓 증거하지 말며, 다른 사람의 소유를 탐내지 말라고 명하신다.

: 도둑질하지 말라

출애굽기 20:15

לֹא תִּגְנֹב

도둑질하지 말라

신명기 5:19

וְלֹא תִּגְנֹב

도둑질하지 말지니라

하나님께서는 제8계명에서 "도둑질하지 말라"라고 명하신다. 제8계명
은 은밀히 다른 사람의 것을 훔치는 것과 부주의나 무관심으로 인해 다른
사람에게 손해를 끼치는 모든 행위를 금하는 규정이다.

"도둑질하다"라는 말은 히브리어로 גָּנַב(가납)이다. גָּנַב은 "남의 것을 훔치
다, 속인다"라는 뜻이다. 특별히 גָּנַב은 "주인의 허락 없이 은밀하게 자기
것으로 만드는 것"을 의미한다. 성경에서 גָּנַב은 직접 목적어로 항상 도둑
질한 물건과 함께 나온다. 가장 흔한 것이 재산과 가축이다.

> **출 22:1** 사람이 소나 양을 도둑질하여(וּגְנָבוֹ) 잡거나 팔면 그는 소 한 마리에
> 소 다섯 마리로 갚고 양 한 마리에 양 네 마리로 갚을지니라

출애굽기 22:1을 보면 소나 양, 가축을 도둑질한 경우에 גָּנַב이 사용되었다.

> **출 22:7** 사람이 돈이나 물품을 이웃에게 맡겨 지키게 하였다가 그 이웃 집에
> 서 도둑을 맞았는데(גֻנַּב) 그 도둑이 잡히면 갑절을 배상할 것이요

출애굽기 22:7에서는 돈이나 물건, 즉 다른 사람의 재산을 도둑질했을

때 בָּנַב이 사용되었다.

> **출 21:16** 사람을 납치한 자(וְגֹנֵב אִישׁ)가 그 사람을 팔았든지 자기 수하에 두었
> 든지 그를 반드시 죽일지니라

특별히 출애굽기 21:16에 있는 וְגֹנֵב אִישׁ(베고네브 이쉬)라는 말은 문자적
으로는 "사람을 훔친 자"라는 뜻이다. בָּנַב은 보통 물건이나 가축을 훔치는
것을 말하는데 출애굽기 21:16과 같이 사람을 목적어로 취할 때는 사람을
"납치하다"라는 의미가 된다. וְגֹנֵב אִישׁ는 어린아이의 유괴범을 말한다.[253]
그런데 어린아이를 유괴하는 죄가 부모에 대한 율례들 사이에 들어 있다.
그리고 어린아이의 유괴범은 중형으로 처벌하도록 규정하고 있다. 성경은
유괴범에 대해 부모에 대한 죄와 어린아이 자신에 대한 죄가 가중되어 사
형에 해당하는 중죄로 간주한다.

도둑질한 것이 가축이건 재물이건 간에 모든 도둑질은 하나님의 창조
명령에 대한 범죄이다. 사람들은 열심히 일해서 그 노동의 대가로 자기와
자기 가족의 필요를 충족시켜야 한다. 그런데 땀 흘려 일하지 않고 다른
사람의 소유를 훔치는 것은 하나님의 창조 질서에 따라 성실하게 살아가
고 있는 사람의 정당한 노력의 대가를 빼앗는 것이 된다. 이러한 도둑질은
당사자에게만 피해를 주는 것이 아니라 공동체의 조화를 파괴하고 신뢰를
무너뜨리는 사회적인 피해도 가져온다. 따라서 거룩해야 할 하나님의 백
성들에게 도둑질은 큰 죄악이다.

---

253) 사도 바울은 디모데전서 1장에서 십계명의 각 조항을 열거하면서 제8계명을 "인신매매
하는 자"라고 요약한다. 십계명 제8계명에서 우리가 간과해서는 안 될 중요한 사항 중
하나이다.

⦂ 미쉬파팀의 규정

미쉬파팀은 각종 도둑질에 대한 처벌을 구체적으로 규정한다. 가축에 대한 도둑질과 돈이나 물건을 도둑질한 경우 각각 처벌 규정이 다르다.

출애굽기 22:1-15은 도둑질과 부주의함으로 생긴 재산의 손실에 관한 규정이다.[254]

▎가축에 대한 도둑질의 경우

출 22:1-6 [1]사람이 소나 양을 도둑질하여 잡거나 팔면 그는 소 한 마리에 소 다섯 마리로 갚고 양 한 마리에 양 네 마리로 갚을지니라 [2]도둑이 뚫고 들어오는 것을 보고 그를 쳐죽이면 피 흘린 죄가 없으나 [3]해 돋은 후에는 피 흘린 죄가 있으리라 도둑은 반드시 배상할 것이나 배상할 것이 없으면 그 몸을 팔아 그 도둑질한 것을 배상할 것이요 [4]도둑질한 것이 살아 그의 손에 있으면 소나 나귀나 양을 막론하고 갑절을 배상할지니라 [5]사람이 밭에서나 포도원에서 짐승을 먹이다가 자기의 짐승을 놓아 남의 밭에서 먹게 하면 자기 밭의 가장 좋은 것과 자기 포도원의 가장 좋은 것으로 배상할지니라 [6]불이 나서 가시나무에 댕겨 낟가리나 거두지 못한 곡식이나 밭을 태우면 불 놓은 자가 반드시 배상할지니라

출애굽기 22:1은 소나 양을 도둑질하여 그 소나 양을 죽였거나 이미 다른 사람에게 팔아 버렸을 경우 소는 다섯 배, 양은 네 배를 배상하도록 규정한다. 이는 죽은 소나 양을 통해 얻을 수 있는 소득에 해당하는 손해까지도 모두 배상해야 한다는 것이다. 그런데 만약 도둑맞았던 소나 양을 살

---

254) 이상웅, "마르틴 루터의 대교리문답 – 역사적 배경과 십계명, 사도신경 그리고 주기도문에 대한 해설에 대한 분석", 「한국개혁신학」 55 (2017): 129.

아있는 그대로 다시 찾았을 경우 갑절, 즉 두 배로 배상해야 한다(출 22:4). 잃어버린 가축을 그대로 다시 찾았는데도 두 배의 배상을 요구하는 것은 너무 가혹한 처벌이라고 생각할 수도 있다. 그러나 그 가축을 도둑맞은 주인의 입장을 고려하여 그 가축을 잃음으로 생긴 경제적 손실과 정신적 피해에 대한 충분한 보상을 보장하는 것이다. 하나님의 의도는 한마디로 도둑질은 하지 말라는 것이다.

미쉬파팀은 아울러 부주의함으로 다른 사람의 밭이나 포도원에 손해를 입혔을 경우 피해 규모의 두 배로 배상하도록 규정한다(출 22:5-6).

▌재산에 대한 도둑질의 경우

> **출 22:7-9** [7]사람이 돈이나 물품을 이웃에게 맡겨 지키게 하였다가 그 이웃 집에서 도둑을 맞았는데 그 도둑이 잡히면 갑절을 배상할 것이요 [8]도둑이 잡히지 아니하면 그 집 주인이 재판장 앞에 가서 자기가 그 이웃의 물품에 손 댄 여부의 조사를 받을 것이며 [9]어떤 잃은 물건 즉 소나 나귀나 양이나 의복이나 또는 다른 잃은 물건에 대하여 어떤 사람이 이르기를 이것이 그것이라 하면 양편이 재판장 앞에 나아갈 것이요 재판장이 죄 있다고 하는 자가 그 상대편에게 갑절을 배상할지니라

출애굽기 22:7-9은 돈이나 물품을 도둑맞았는데 그 도둑이 붙잡혔을 경우 갑절로 배상해야 하며, 만약 다른 사람의 물건을 보관 중에 도둑맞았을 때 명백한 과실의 책임이 있을 경우 역시 갑절로 배상하도록 규정한다. 하나님께서는 이러한 규정들을 통해 서로가 개인의 정당한 재산권을 인정하고 존중하도록 하셨다.

▎사람을 유괴한 경우

> **출 21:16** 사람을 납치한 자가 그 사람을 팔았든지 자기 수하에 두었든지 그를 반드시 죽일지니라

하나님께서는 사람을 유괴한 경우 "그 사람을 팔았든지 자기 수하에 두었든지"를 막론하고 그 행위 자체로 "반드시" 사형에 처하여 너희 중에 악을 제하라고 명하신다(신 24:7 참고).

노트와 알트는 제8계명이 사람을 납치하여 다른 사람에게 종으로 팔거나 자기의 종으로 삼는 행위, 즉 "인간을 도둑질하는 행위"(유괴, 또는 납치)를 금하는 계명이라고 주장한다. 그들은 제8계명은 다른 사람의 소유를 탐내어 도둑질하는 것을 금하는 제10계명과는 구별되는 것으로 본다.[255]

신명기 24:7을 보면 사람을 유인하여 종으로 파는 범죄에 대하여 말씀한다.

> **신 24:7** 사람이 자기 형제 곧 이스라엘 자손 중 한 사람을 유인하여 종으로 삼거나 판 것이 발견되면 그 유인한 자를 죽일지니 이같이 하여 너희 중에서 악을 제할지니라

사도 바울은 디모데전서 1:9-10에서 십계명 중 이웃에 대한 계명을 다음과 같이 열거한다: "아버지를 죽이는 자와 어머니를 죽이는 자"(제5계명), "살인하는 자"(제6계명), "음행하는 자와 남색하는 자"(제7계명), "인신매매하는 자"(제8계명), "거짓말하는 자와 거짓 맹세하는 자와 기타 바른 교훈을

---

255) Martin Noth, Exodus: *A Commentary* (Philadelphia: The Westminster Press, 1962), 165-66; A. Alt, "Das Verbot des Diebstahls im Dekalog," *Kleine Schriften I* (1953): 333-40; Von Rad, *Deuteronomy, Old Testament Library*, 59.

거스리는 자"(제9계명). 이 말씀에서 바울도 제8계명을 인신매매로 금지하는 계명으로 인용하였다. 이런 이유에서 십계명 제8계명이 인간 절도를 염두에 둔 계명이라는 알트나 노트의 주장은 제법 설득력이 있어 보인다.

제8계명이 사람의 납치나 인신매매를 금하는 내용을 포함하는 것은 분명하다. 그렇다고 해서 제8계명이 가축이나 재산의 도둑질을 배제하는 것은 아니다. 크뤼제만의 지적과 같이 제8계명의 גנב(가납)이 유일하게 "사람을 납치하다"를 의미한다면 목적어가 반드시 언급되었어야 한다.[256] 미쉬파팀이 가축이나 재산의 도둑질 다음에 사람을 납치한 자에 대해 다루는 것으로 볼 때 제8계명에서 גנב의 목적어가 제시되지 않은 것은 모든 종류의 도둑질을 금하시는 하나님의 의도가 반영된 것이라고 볼 수 있다.

▎ 배상 제도의 의미

> 시내 산 율법의 주목할 만한 특징은 이 율법이 주로 공동체 안에서 일어난 도둑질의 파괴적 결과를 도둑의 강제 구금이 아니라 배상으로 처리하는 데 있다. 다른 고대 문화에서는 손을 자르는 경우도 있었고 경제적인 하층민에게 도둑에 대한 처벌은 매우 무거웠다. 성경의 율법에 따르면 배상이 가능하지 않을 때 가장 무거운 형벌이 빚에 따라(빚이 청산될 때까지, 또는 칠 년 동안) 종이 되는 것이었다.[257]

미쉬파팀을 보면 도둑질이 적발되었을 경우 무거운 배상금이 부과된다. 만약 도둑이 배상금을 낼 수 없는 경우 그 사람은 종으로 팔리게 된다(출 22:3). 스프링클의 연구에 의하면 고대 바벨론에서 양의 평균 가치는 이 세겔이고 황소는 사십 세겔이다. 종은 육십 세겔, 그리고 비숙련공의 일년

---

256) 크뤼제만, 『자유의 보존, 사회사적 관점에서 본 십계명의 주제』, 90.
257) 브루크너, 『출애굽기』, 303.

임금은 삼 세겔~십이 세겔이다.[258] 이에 비추어 볼 때 소도둑에게 부과되는 배상금은 가난한 사람이 수십 년을 벌어야 겨우 갚을 수 있는 금액이며 종으로 팔려도 세 번 이상 팔려야 배상이 가능한 액수이다. 결국 가난 때문에 도둑질을 한 사람은 적발되면 종으로 전락할 수밖에 없다.[259] 그러나 안식년 규정에서 종으로 노역하는 기간은 육 년으로 제한된다. 따라서 하나님께서 과도한 배상을 책정하신 것은 도둑질을 억제하기 위한 수단으로 보인다. 다른 고대 근동국가의 법은 도둑에게 배상할 수 있는 재산이 없다면 사형에 처하든지 아니면 가족 전체를 노예로 삼도록 규정한다. 이에 반해 미쉬파팀은 도둑질에 대한 충분한 억제력을 제공하는 동시에 도둑질로 인해 어쩔 수 없이 종이 된 가난한 사람의 보호도 치밀하게 배려한다.

⋮ 제8계명의 확장

▎ 도둑질하는 이유

죄의 필연적인 결과

하나님께서는 하나님의 모양과 형상을 따라 사람을 만드셨다. 사람은 하나님을 닮은 존재로서 하나님을 대신하여 하나님께서 창조하신 천지 만물을 정복하고 다스릴 수 있는 특권을 부여받았다. 인간은 본래 왕 같은 제사장으로서 하나님 안에서 모든 것을 풍요롭게 누리며 살 수 있었으나 죄로 인해 하나님과 단절되고 죽음을 향해 살아가는 죄인이 되었다.

---

258) Sprinkle, *The Book of Covenant: A Literary Approach*, 133.
259) 크뤼제만은 결국 이 규정은 이스라엘 안에 노예를 양산하는 중요한 근원이라고 본다. 크뤼제만, 『토라-구약성서 법전의 신학과 사회사』, 313.

죄로 인해 제한된 힘과 제한된 능력과 제한된 시간 속에서 이 세상을 살아가는 인간이 자기의 제한된 자원을 늘리는 방법은 첫째, 다른 사람의 자원을 빼앗아 자기 것으로 만드는 것이다. 힘이 강한 사람이 힘이 약한 사람의 시간과 노력과 자원을 빼앗아 자기를 위하여 사용한다. 그래서 결국 죄인 된 인간의 역사는 약육강식, 적자생존의 법칙이 지배하는 세계가 되어 버렸다. 자기의 자원을 늘리는 두 번째 방법은 다른 사람의 것을 몰래 도둑질하는 것이다. 다른 사람의 것을 훔쳐서 자기 것으로 만들어 자기의 시간과 자원을 늘려가는 것이다. 따라서 도둑질은 원죄의 필연적인 결과이다.

하나님에 대한 불신

> **엡 4:28** 도둑질하는 자는 다시 도둑질하지 말고 돌이켜 가난한 자에게 구제할 수 있도록 자기 손으로 수고하여 선한 일을 하라

하나님께서 나의 삶을 주관하시고 인도하신다. 하나님께서 나의 필요를 아시고 나의 필요를 채우시며 나를 인도하실 것을 확신한다면 아무리 어렵고 힘든 상황이라 할지라도 인간적인 방법으로 해결하려는 어리석은 짓을 하지 않을 것이다. 그러나 하나님을 믿지 못하니까, 하나님의 인도하심을 신뢰하지 못하니까, 당장 눈앞에 닥친 어려움을 해결하기 위해 다른 사람의 소유를 도둑질하는 것이다. 하나님께서는 도둑질하지 말고 나보다 더 어려운 사람들에게 선을 베풀 수 있도록 자기 손으로 수고하라고 말씀하신다. 부르크너의 말과 같이 "도둑질은 하나님의 보호 아래 있는 삶과 양립하지 않는 일종의 신성모독이다(잠 30:9)."[260]

---

260) 브루크너, 『출애굽기』, 303.

인간의 욕심

욕심이란 하나님께서 허락하시지 않는 것을 갖고자 하는 마음이다. 욕심은 탐심과 비슷하다. 이 탐심은 십계명의 마지막 계명에서 구체적으로 언급된다. 하나님과 인간과의 관계, 인간과 인간과의 관계에서 발생하는 모든 죄악의 근본적인 원인이 바로 탐심이다. 그래서 십계명은 제일 마지막에서 탐심을 언급하며 마무리한다. 제10계명은 다른 계명들과는 달리 겉으로 드러나지 않는 마음의 내적 동기까지도 하나님 앞에서 제사장 나라 거룩한 백성으로서 매우 중요하다는 사실을 잘 보여 준다. 탐심은 도둑질의 원인이기도 하다. 탐심에 대해서는 제10계명을 다룰 때 자세히 살펴볼 것이다.

▎ 제8계명을 범하지 않기 위하여

8계명을 범하지 않기 위하여

첫째, 무엇보다도 하나님을 신뢰해야 한다.

> **마 6:25-34** [25] 그러므로 내가 너희에게 이르노니 목숨을 위하여 무엇을 먹을까 무엇을 마실까 몸을 위하여 무엇을 입을까 염려하지 말라 목숨이 음식보다 중하지 아니하며 몸이 의복보다 중하지 아니하냐 [26] 공중의 새를 보라 심지도 않고 거두지도 않고 창고에 모아들이지도 아니하되 너희 하늘 아버지께서 기르시나니 너희는 이것들보다 귀하지 아니하냐 [27] 너희 중에 누가 염려함으로 그 키를 한 자라도 더할 수 있겠느냐 [28] 또 너희가 어찌 의복을 위하여 염려하느냐 들의 백합화가 어떻게 자라는가 생각하여 보라 수고도 아니하고 길쌈도 아니하느니라 [29] 그러나 내가 너희에게 말하노니 솔로몬의 모든 영광으로도 입은 것이 이 꽃 하나만 같지 못하였느니라 [30] 오늘 있다가 내일 아궁이에 던져지는 들풀도 하나님이 이렇게 입히시거든 하물며 너희일까보냐 믿음이 작은 자들아 [31] 그러므로 염려하여 이르기를 무엇을 먹을까 무엇을 마실까 무엇을 입을까 하지 말라 [32] 이는 다 이방인들이 구하는 것이라 너희 하늘 아버지

께서 이 모든 것이 너희에게 있어야 할 줄을 아시느니라 ³³그런즉 너희는 먼저 그의 나라와 그의 의를 구하라 그리하면 이 모든 것을 너희에게 더하시리라 ³⁴그러므로 내일 일을 위하여 염려하지 말라 내일 일은 내일이 염려할 것이요 한 날의 괴로움은 그 날로 족하니라

예수님께서는 "목숨을 위하여 무엇을 먹을까 무엇을 마실까 몸을 위하여 무엇을 입을까 염려하지 말라"라고 말씀하신다. 또한 공중의 새도, 들의 백합화도 하늘 아버지께서 먹이시고 입히시거늘 "하물며 너희일까보냐"라고 말씀하신다. 우리가 먼저 그의 나라와 그의 의를 구하면 우리에게 있어야 할 것을 아시는 주님께서 우리에게 필요한 모든 것을 우리에게 더해 주실 것이라고 말씀하신다. 하나님께서는 우리를 푸른 풀밭에 누이시며 쉴 만한 물 가로 인도하시는 사랑과 은혜의 하나님이시다(시 23:2).

8계명을 범하지 않기 위하여

둘째, 날마다 하나님께서 주시는 기회와 여건들 속에서 최선을 다해야 한다.

살후 3:10-12 ¹⁰우리가 너희와 함께 있을 때에도 너희에게 명하기를 누구든지 일하기 싫어하거든 먹지도 말게 하라 하였더니 ¹¹우리가 들은즉 너희 가운데 게으르게 행하여 도무지 일하지 아니하고 일을 만들기만 하는 자들이 있다 하니 ¹²이런 자들에게 우리가 명하고 주 예수 그리스도 안에서 권하기를 조용히 일하여 자기 양식을 먹으라 하노라

일하지 않고 다른 사람의 음식을 먹는 것은 도둑질과 같다. 하나님께서는 정당한 노동의 대가를 통해 나와 내 가족의 필요를 채워 주신다. 하루하루 최선을 다해 열심히 일하는 자에게 하나님께서는 그에 합당한 수고의 열매를 맺게 하실 것이다.

재물을 비롯해 우리에게 필요한 모든 것들은 하나님으로부터 오는데 하나님께서는 노동이라는 수단을 통해 그것들을 우리에게 허락하신다.[261]

8계명을 범하지 않기 위하여

셋째, 하나님 앞에서 자족하는 마음을 가져야 한다.

> **딤전 6:6-10** [6]그러나 자족하는 마음이 있으면 경건은 큰 이익이 되느니라 [7]우리가 세상에 아무 것도 가지고 온 것이 없으매 또한 아무 것도 가지고 가지 못하리니 [8]우리가 먹을 것과 입을 것이 있은즉 족한 줄로 알 것이니라 [9]부하려 하는 자들은 시험과 올무와 여러 가지 어리석고 해로운 욕심에 떨어지나니 곧 사람으로 파멸과 멸망에 빠지게 하는 것이라 [10]돈을 사랑함이 일만 악의 뿌리가 되나니 이것을 탐내는 자들은 미혹을 받아 믿음에서 떠나 많은 근심으로써 자기를 찔렀도다

다른 사람과 비교하며 내가 남보다 못하다고 여겨질 때 나도 모르는 사이에 내 마음속에 욕심이 자리를 잡게 되고 남의 것을 탐하는 유혹을 받게 된다. 사도 바울은 "우리가 세상에 아무것도 가지고 온 것이 없으매 또한 아무것도 가지고 가지 못하리니 우리가 먹을 것과 입을 것이 있은즉 족한 줄로 알라"라고 한다. 하나님께서 나에게 허락하신 삶의 환경에 만족하고 감사하는 것이 자족하는 마음이다.

> **잠 30:7-9** [7]내가 두 가지 일을 주께 구하였사오니 내가 죽기 전에 내게 거절하지 마시옵소서 [8]곧 헛된 것과 거짓말을 내게서 멀리 하옵시며 나를 가난하게도 마옵시고 부하게도 마옵시고 오직 필요한 양식으로 나를 먹이시옵소서 [9]혹 내가 배불러서 하나님을 모른다 여호와가 누구냐 할까 하오며 혹 내가 가난하여 도둑질하고 내 하나님의 이름을 욕되게 할까 두려워함이니이다

---

261) 손재익, 『십계명-언약의 10가지 말씀』 (서울: 디다스코, 2017), 330.

제9계명

네 이웃에 대하여 거짓 증거하지 말라

•
•

> 여호와여 주의 장막에 머무를 자 누구오며
> 주의 성산에 사는 자 누구오니이까
> 정직하게 행하며 … 그의 마음에 진실을 말하며
> 그의 혀로 남을 허물하지 아니하고 …
> 그의 이웃을 비방하지 아니하며 …
> 뇌물을 받고 무죄한 자를 해하지 아니하는 자이니 …
>
> (시 15:1-5)

제9계명은 "네 이웃에 대하여 거짓 증거하지 말라"이다. 많은 사람이 이 말씀 중에 "거짓"이라는 말을 주목하여 제9계명을 "거짓말을 하지 말라"라는 의미로 이해한다. 그래서 제9계명을 설교하거나 가르칠 때 창세기로부터 요한계시록까지 거짓말과 관련된 이야기들을 취사선택하여 "거짓말"이 얼마나 심각한 죄악인가를 설명한다. 물론 제9계명은 거짓말을 하지 말라는 의미도 내포하고 있다. 그러나 이 계명이 단순하게 "거짓말을 하지 말라"라는 의미인가에 대해서는 좀 더 생각해 볼 필요가 있다.

: 네 이웃에 대하여 거짓 증거하지 말라

출애굽기 20:16

לֹא־תַעֲנֶה בְרֵעֲךָ עֵד שָׁקֶר

네 이웃에 대하여 거짓 증거하지 말라

신명기 5:20

וְלֹא־תַעֲנֶה בְרֵעֲךָ עֵד שָׁוְא

네 이웃에 대하여 거짓 증거하지 말지니라

לֹא־תַעֲנֶה בְרֵעֲךָ עֵד שָׁקֶר(로-타아네 베레아카 에드 샤케르)를 문자적으로 번역하면 "너는 너의 이웃에 대하여 거짓 증거로 말하지 말라"이다. 히브리어 동사 עָנָה(아나)는 기본적으로 "대답하다, 노래하다"라는 뜻이지만 전치사 בְּ(베)와 함께 쓰여 "증언하다"라는 의미가 된다.[262] 명사 עֵד(에드, "증언, 증인")는 법정에 공식적으로 소환되어 자기가 목격한 것을 증언하는 것이다.[263] 따라서 십계명 제9계명은 단순히 "거짓말을 하지 말라"라는 의미가 아니라 법정에서 "네 이웃에 대하여[264] 거짓 증거로 증언하지 말라"라는 주님의 명령이다.[265]

---

262) 히아트는 "עָנָה는 민수기 35:30, 신명기 19:16, 18에서와같이 법정에서 증언하는 것을 의미하는 전문 용어"라고 말한다. J. Philip Hyatt, *Exodus* (Grand Rapids: Wm. B. Eerdmans Publishing Co., 1980), 215.

263) 월터 카이저는 "עֵד는 이스라엘에서 법적 절차, 즉 "거짓 증거"(עֵד שָׁקֶר)와 심문석에서 제시되는 법적 질문에 대한 반응으로서의 대답(עָנָה)을 나타낸다고 지적한다. 카이저, 「구약성경윤리」, 112.

264) 김선종은 잠언 25:18에서 אִישׁ עֹנֶה בְרֵעֵהוּ עֵד שָׁקֶר(이쉬 오네 베레에후 에드 싸케르)를 "자기의 이웃을 쳐서 거짓 증거하는 사람"으로 번역한 것을 볼 때 출애굽기 20:16과 신명기 5:20은 "네 이웃에 대하여"라고 번역하는 것은 소극적이라고 평가한다. 김선종, 「덤불 속 두 돌판: 십계명의 신학과 윤리」, 210-11.

265) 더햄, 「출애굽기 WBC 주석」, 489; 김회권은 이 계명을 "사법적 정의를 세우라는 명령"으로

그런데 출애굽기와 신명기에서 "거짓 증거"에 사용된 표현이 같지 않다. 출애굽기에서는 שֶׁקֶר עֵד(에드 샤케르)이고 신명기에서는 עֵד שָׁוְא(에드 샤베)이다. עֵד שֶׁקֶר는 이웃[266]에게 해를 입히기 위하여 근거가 없거나 사실과 다르게 말하는 것을 의미한다(신 19:16-21).[267] 이에 반해 עֵד שָׁוְא(에드 샤베)는 법정을 기만하기 위해 의도적으로 사실을 왜곡하여 증언하는 것으로 그 증언의 내용이 모두 거짓임을 강조하는 말이다. 이런 점에서 출애굽기와 신명기의 제9계명은 이웃에게 해를 입히고, 법정을 기만하려는 증인의 거짓된 태도나 거짓된 증언의 내용 모두를 문제 삼고 있는 것이라 할 수 있다.

이스라엘에서 재판은 주로 사람들이 많이 왕래하는 성문(신 21:19; 25:7)에서 이루어진다. 대부분의 재판에서 증인의 증언은 판결에 결정적인 역할을 한다. 열왕기상 21장을 보면 이세벨이 나봇의 포도원을 빼앗기 위해 두 명의 거짓 증인을 매수하여 나봇을 고발하게 하였다. 나봇은 이세벨이 세운 사람들의 거짓 증언으로 하나님과 왕을 저주하였다는 억울한 누명을 쓰고 돌에 맞아 죽었고 아합과 이세벨에게 포도원을 빼앗겼다. 이와 같이 거짓 증언은 악의를 품고 사건을 조작하거나 원수, 적대적인 관계에 있는 사람에게 앙갚음하는 수단으로 이용되기도 한다.[268] 따라서 하나님께서는 거짓 증언으로부터 사람들의 명예와 생명을 보호하기 위해 제8계명을 선포하셨다.

해석한다. 김회권, 『하나님 나라 신학으로 읽는 모세오경』, 576.

266) 더햄은 이웃(רֵעַ, 레아)이란 구약성경에서 "항상 상호 간에 관계를 맺고 있는 사람"을 의미하며, 법적인 맥락에서는 "언약 공동체에 속해 있는 동료"를 의미한다고 주장한다. 더햄, 『출애굽기 WBC 주석』, 488.

267) 김선종은 עֵד שֶׁקֶר는 이웃을 해하려고 거짓으로 증거하는 행위를 강조하는 표현"이라고 한다. 김선종, 『떨불 속 두 돌판: 십계명의 신학과 윤리』, 208.

268) 박요한, 『십계명』, 169.

: 미쉬파팀의 규정

미쉬파팀에서 제9계명과 직접적으로 관련이 있는 곳은 출애굽기 23:1-9이다.

출애굽기 23:1-9의 내용은 다음과 같다.[269]

1절, 2절	………	증인
3절	………	재판관
4절, 5절	………	소송 당사자(원고와 피고)
6절-9절	………	재판관

출애굽기 23:1-2은 증인에 대한 말씀이다.

> **출 23:1-2** ¹너는 거짓된 풍설을 퍼뜨리지 말며 악인과 연합하여 위증하는 증인이 되지 말며 ²다수를 따라 악을 행하지 말며 송사에 다수를 따라 부당한 증언을 하지 말며

증인에 관한 내용은 크게 세 가지이다. 첫째, "너는 거짓된 풍설을 퍼뜨리지 말며"- 헛소문, 즉 유언비어를 전파하지 말아야 한다.[270] 둘째, "악인과 연합하여 위증하는 증인이 되지 말며" - 죄 없는 사람을 모함하거나 거짓으로 죄를 뒤집어 씌우지 말아야 한다. 셋째, "다수를 따라 악을 행하지

---

269) 더햄은 출애굽기 23:1-8은 법적인 절차를 진행하는 데 있어서 결정적인 역할을 하는 모든 사람에게 적용된다고 말한다. 더햄, 『출애굽기 WBC 주석』, 543.

270) 박요한은 레위기 19:16과 비교해 볼 때 이 헛소문은 법정 밖에서 이루어지는 행위로 간주한다. 박요한, 『십계명』, 180.

말며 송사에 다수를 따라 부당한 증언을 하지 말며" – 즉, 군중심리에 떠밀려 사실과 다르게 거짓말을 꾸며대지 말아야 한다.

거짓 증언은 그 증인으로 말미암아 피해를 보게 되는 사람에 대한 범죄일 뿐 아니라 법과 재판에 대한 기만이며 또한 정직과 공의로 세워져야 할 하나님 나라를 더럽히는 중대한 범죄 행위이다. 그래서 김회권은 하나님 나라를 기초부터 허물어뜨리는 범죄가 바로 사법적 정의의 왜곡이라고 강조한다.[271] 따라서 하나님의 거룩함을 드러내야 할 하나님 나라의 백성이라면 당연히 거짓 증거하지 말아야 한다. 이것이 본문이 가지고 있는 일차적인 의미이다.

> 증언의 진실성은 공평과 정의 실현의 필수요소이다.[272]

출애굽기 23:3은 재판관에 대한 말씀이다.

> **출 23:3** 가난한 자의 송사라고 해서 편벽되이 두둔하지 말지니라

하나님께서는 가난한 자에 대한 동정심으로 편파적인 태도를 보이지 말라고 말씀하신다.[273] 하나님께서는 재판관에게 신분이나 지위의 고하, 재산의 유무와 관계없이 공명정대하게 재판에 임하도록 명하신다.

---

271) 김회권, 『하나님 나라 신학으로 읽는 모세오경』, 576.
272) 김회권, 『하나님 나라 신학으로 읽는 모세오경』, 380.
273) 카일, 델리취, 『카일·델리취 구약주석 2: 출애굽기』, 273; 브루크너, 『출애굽기』, 341.

출애굽기 23:6-9은 다시 재판관에 대하여 상세하게 설명한다.

> **출 23:6-9** ⁶너는 가난한 자의 송사라고 정의를 굽게 하지 말며 ⁷거짓 일을 멀리하며 무죄한 자와 의로운 자를 죽이지 말라 나는 악인을 의롭다 하지 아니하겠노라 ⁸너는 뇌물을 받지 말라 뇌물은 밝은 자의 눈을 어둡게 하고 의로운 자의 말을 굽게 하느니라 ⁹너는 이방 나그네를 압제하지 말라 너희가 애굽 땅에서 나그네 되었은즉 나그네의 사정을 아느니라

재판장은 가난한 자들의 송사에서 공평하고 정직하게 판결해야 한다.[274] 재판장은 "거짓 일"을 멀리해야 한다. "거짓 일"이란 "거짓 고소"를 의미한다.[275] 무고로 죄가 없는 자나 의로운 자를 죽게 하는 것은 하나님께 죄를 범하는 것이다. 하나님께서는 무고한 자를 죽게 한 자들(증인이나 재판장)에게 그 책임을 물으실 것이다. 권력과 결탁하거나 돈의 유혹에 넘어가 그릇된 판결을 하는 것은 사회의 법과 질서를 무너뜨리는 행위이며 이는 나아가 모든 권위를 세우시고 주관하시는 하나님에 대한 심각한 범죄가 아닐 수 없다. 재판장에 관한 규정들은 이스라엘 가운데 거류하는 이방인들을 법적인 문제로 억압하지 말라는 언급으로 끝난다.

출애굽기 23:4-5은 소송 당사자들에 대한 말씀이다.

> **출 23:4-5** ⁴네가 만일 네 원수의 길 잃은 소나 나귀를 보거든 반드시 그 사람에게로 돌릴지며 ⁵네가 만일 너를 미워하는 자의 나귀가 짐을 싣고 엎드러짐을 보거든 그것을 버려두지 말고 그것을 도와 그 짐을 부릴지니라

---

274) 더햄, 『출애굽기 WBC 주석』, 543.
275) 박요한, 『십계명』, 180.

출애굽기 23:1-9까지의 흐름 가운데 4절과 5절이 들어가 있는데 이 구절들은 당연히 소송 당사자들에 대한 말씀이다. 여기에서 "원수"는 재판에서 소송 상대자를 말한다. 하나님께서는 이웃 간에 분쟁이 있어 법정에서 시시비비를 가리는 한이 있어도 이웃으로서 기본적인 의무를 결코 저버리지 말라고 명하신다.[276] 하나님께서는 비록 소송 중에 있어서 감정을 상하게 되었을지라도 서로의 필요를 돌아보며 섬기는 것이 마땅하다고 말씀하신다.

바비로는 출애굽기 23:4-5이 "너희 원수를 사랑하며 너희를 박해하는 자를 위하여 기도하라"(마 5:44)라고 하신 예수님 말씀의 근거라고 주장한다.[277] 바비로는 출애굽기에서 재판의 문맥에 위치한 이 본문은 마태복음 5:25에 있는 "너를 고발하는 자와 함께 길에 있을 때에 급히 사화하라 그 고발하는 자가 너를 재판관에게 내어 주고 재판관이 옥리에게 내어 주어 옥에 가둘까 염려하라"라는 주님의 명령과도 조화를 이룬다고 주장한다.[278]

십계명 제9계명은 원수까지도 사랑하라고 하신 예수님의 말씀의 기초가 된다.[279] 따라서 제9계명은 단순히 거짓말을 하지 말라는 교훈이 아니다. 이웃을 사랑하되 원수까지도 사랑하라는 뜻이 담겨있는 하나님의 말씀이다. 하나님께서는 이웃 간에 악한 감정을 떨쳐 버리고 서로를 돌아보며 사랑하고 섬기라고 명하신다. 사실 이 같은 행동은 법으로 규정할 수 없다. 원수를 도와주지 않았다고 해서 처벌할 수는 없다. 그러나 하나님께서는

---

276) 라이트, 『현대인을 위한 구약윤리』, 209.

277) Gianni Barbiero, *L'asino del nemico: Rinuncia alla vendetta e amore del nemico nella legislazione dell'Antico Testamento* (Es.23,4-5; Dt. 22,1-4; LV.19,17-18) Analecta Biblica 128 (Roma: Pontificium institutum biblicum, 1991), 1.

278) Barbiero, 17.

279) 콜, 『출애굽기: 틴델 구약주석』, 255.

동일한 역사와 동일한 목표를 가지고 함께 사는 이웃과 형제들을 헌신적으로 사랑하라고 요구하신다.

⦂ 제9계명의 확장

제9계명은 재판에서 형제를 고소하거나 다른 사람의 죄악에 대해 증언하는 것과 관련이 있다.

사람의 모든 죄악은 증인의 말에 따라 처벌하되 적어도 두 명 이상의 증인이 있어야 범죄를 확정할 수 있다(민 35:30; 신 17:6; 19:15). 재판에서 증인은 자기가 겪은 일을 사실 그대로 진술해야 한다. 증인이 증인 서약을 하고도 자기가 본 것이나 알고 있는 것에 대해 증언하지 않는 것도 죄가 된다(레 5:1). 증인들은 재판 결과에도 책임을 져야 한다. 죄인을 돌로 쳐죽이는 경우, 증인이 맨 먼저 돌을 집어 던졌다(신 17:7, 참조: 행 7:58).

위증의 의혹이 있어서 논쟁이 발생하면 하나님 앞에서 제사장과 재판관은 쌍방을 소환하여 진상을 규명해야 한다. 그 결과 거짓 증거나 모함한 것이 판명되면 다시는 그런 악이 재발하지 않도록 위증한 자는 그가 형제에게 가하려고 했던 것과 동일한 처벌을 받아야 했다(신 19:16-21).

> 거짓 증언은 이웃 간 반목의 원인이 되고 사회를 불안정하게 한다. 나아가 거짓 증언은 모든 법제도 자체를 무시하는 것이 된다. 따라서 거짓 증언이 성행하면 정의 구현은 고사하고 결국 사회의 존립 자체도 흔들리게 된다. 따라서 거짓 증언은 거룩한 나라를 세우기 위해서 주신 하나님과의 언약에 대한 심각한 도전이 되는 것이다.[280]

---

280) M. E. Andrew, "Falsehood and Truth," *Interpretation* 17 (1963): 431-32 참조하라.

▎여호와께서 미워하시는 죄

잠 6:16-19 [16]여호와께서 미워하시는 것 곧 그의 마음에 싫어하시는 것이 예 닐곱 가지이니 [17]곧 교만한 눈과 거짓된 혀와 무죄한 자의 피를 흘리는 손과 [18]악한 계교를 꾀하는 마음과 빨리 악으로 달려가는 발과 [19]거짓을 말하는 망 령된 증인과 및 형제 사이를 이간하는 자이니라

잠언 6:16-19에 언급된, 여호와께서 미워하시고 싫어하시는 예닐곱 가지 의 죄들은 대부분 제9계명과 관련이 있다. 다른 사람을 해치기 위해 사실 을 과장하거나, 조작시키거나, 왜곡하거나, 모함하거나, 험담하거나, 이간 질하는 것은 여호와께서 미워하시는 큰 죄악이다. 하나님께서는 고의로 거 짓을 도모하는 자는 결코 거룩한 도성에 들어가지 못할 것이라고 말씀하신 다(계 21:27; 22:15). 따라서 우리는 제9계명을 범하지 않기 위한 각별한 주의 가 필요하다. 증인은 침묵할 수 없다. 자기가 보고 들은 것을 사실 그대로 말해야 한다. 하나님은 진리의 하나님이시므로 거짓에 빠지면 안 된다.

제10계명
네 이웃의 소유를
탐내지 말라

:

그러므로 땅에 있는 지체를 죽이라
곧 음란과 부정과 사욕과 악한 정욕과 탐심이니
탐심은 우상 숭배니라

(골 3:5)

　십계명의 마지막 계명은 "네 이웃에 속한 사람이나 소유를 탐내지 말라고 가르친다. 제1계명부터 제9계명까지는 외적인 행동으로 나타나는 것들에 대해 말씀하는 반면, 마지막 제10계명은 마음의 내적인 상태, 즉 이웃의 집이나 이웃의 아내나 이웃에 속한 모든 것을 탐하는 마음에 대해 말씀한다.

　이 탐심은 십계명의 다른 모든 죄를 유발하는 원인이다.

제1계명 탐심은 우상 숭배의 원인이다(사 1:29; 엡 5:5, 골 3:5).[281]

제2계명 탐심은 하나님께 드리는 예배를 나를 위한 수단이 되게 한다.

---

281) 에베소서 5:5과 골로새서 3:5에서 바울은 탐심은 자신의 안전과 만족을 위해 하나님만을 신뢰하는 것이 아니므로 탐심은 곧 우상 숭배라고 말한다. 따라서 십계명의 첫 번째와 마지막 계명은 실제로 동일한 계명이라고 할 수 있다.

제3계명 탐심은 하나님의 이름을 망령되이 부르는 원인이다.

제4계명 탐심은 안식일을 범하는 원인이다.

제5계명 탐심은 부모를 거역하는 원인이다.

제6계명 탐심은 살인의 원인이다.[282]

제7계명 탐심은 이웃의 아내를 탐하게 하고(잠 6:25),[283]

제8계명 탐심은 이웃에게 속한 것들을 도둑질하게 하고(수 7:21),

제9계명 탐심은 거짓 증거의 주된 원인이다.

십계명에서 구체적으로 언급된 모든 죄악이 다 탐심에서 비롯된다. 더햄은 "이렇게 포괄적이고도 특이한 적용 때문에 그것이 십계명의 맨 마지막에 위치하게 되었을 것이다."라고 말한다.[284]

"네 이웃의 소유를 탐내지 말라"라는 십계명의 마지막 계명은 죄가 인간의 마음속에서 시작된다는 것을 상기시켜 준다.[285] 십계명은 생각으로 짓는 죄에 대한 책임을 강조하는 것으로 끝난다.[286] 다이어네스는 "탐내지 말라"라는 마지막 명령은 가장 포괄적이면서도 가장 시행하기 어려운 명령이라고 한다. 왜냐하면 죄는 행위의 문제이기 앞서 마음의 문제이기 때문이다.[287]

---

282) 아합과 나봇의 경우(왕상 21:1-16)를 참고하라.

283) 다윗과 밧세바의 경우(삼하 11:1-17)를 참고하라.

284) 더햄, 『출애굽기 WBC 주석』, 492.

285) 브라운, 『신명기 강해』, 131.

286) 브라운, 『신명기 강해』, 127.

287) Dyrness, *Themes in Old Testament Theology*, 180.

⋮ 네 이웃의 소유를 탐내지 말라

출 20:17 네 이웃의 집을 탐내지 말라 네 이웃의 아내나 그의 남종이나 그의 여종이나 그의 소나 그의 나귀나 무릇 네 이웃의 소유를 탐내지 말라

신 5:21 네 이웃의 아내를 탐내지 말지니라 네 이웃의 집이나 그의 밭이나 그의 남종이나 그의 여종이나 그의 소나 그의 나귀나 네 이웃의 모든 소유를 탐내지 말지니라

십계명의 열 번째 계명은 תַחְמֹד לֹא(로 타흐모드, "너는 탐내지 말지니라"), 탐심에 대한 계명이다.

출애굽기에서 하나님께서는 "네 이웃의 집"을 탐내지 말고(לֹא תַחְמֹד) "네 이웃에게 속한 모든 것", 네 이웃의 아내나 그의 남종이나 그의 여종이나 그의 소나 그의 나귀 등을 "탐내지 말라"(לֹא תַחְמֹד)라고 명하신다.

신명기에서는 네 이웃의 아내를 탐내지 말고(לֹא תַחְמֹד), 네 이웃의 모든 소유, 네 이웃의 집이나 그의 밭이나 그의 남종이나 그의 여종이나 그의 소나 그의 나귀에 대하여 탐욕을 품지 말라(לֹא תִתְאַוֶּה, 로 티트아베)라고 명하신다.

출애굽기와 신명기를 살펴보면 하나님께서는 다른 사람이 소유하고 있는 집이나 땅이나 짐승이나 사람까지, 그 어떠한 것도 탐내거나 욕심을 품지 말라고 거듭 강하게 명하셨다.

제10계명은 출애굽기와 신명기 모두 내용은 같으나 동사의 사용과 어

휘의 순서에 있어서 약간의 차이가 있다. 출애굽기에서는 둘 다 חָמַד(하마드, "탐하다, 갈망하다")라는 동사를 사용하였으나 신명기에서는 חָמַד와 אָוָה(아바, "탐욕을 품다, 욕심을 부리다")라는 두 동사를 사용하였다. 또 신명기에서는 "네 이웃의 집"과 "네 이웃의 아내"의 순서가 바뀌었고 탐내지 말아야 할 대상에서 "땅"(שָׂדֶה, 사데, "땅, 밭, 토지")이 추가되었다.[288]

기본적으로 חָמַד는 특별히 자기의 유익을 위해 어떤 사람이나 어떤 물건을 "원하다, 갖기를 열망하다, 탐내다, 탐심을 가지다"라는 의미가 있다.[289] 마르틴 노트는 חָמַד는 "탐욕의 충동"만을 뜻하는 것이 아니라 무엇을 불법적으로 자기 것으로 취하려는 시도까지도 포함한다고 한다. 그래서 그는 חָמַד를 "무엇을 얻으려고 애쓰다"라고 번역하였다.[290]

אָוָה는 "탐욕을 품다, 열망하다"라는 뜻이다. לֹא תִתְאַוֶּה(로 티트아베)는 "너는 집착하여 욕심을 내지 말라"는 의미이다(신 5:21).[291]

탐심은 "자신이 가진 것에 만족하지 못하고 필요한 것보다 더 많이 갖고

---

288) 우즈는 신명기에서 "아내를 두드러지게 한 것은 모세가 땅을 정복하고 차지하기 직전에 점점 더 여성들의 권리를 인지해 갔다는 신학적인 발전 과정을 잘 반영한 것"이라고 주장한다(예를 들어, 신 21:10-14; 22:13-19; 24:1-5; 25:5-10; 참조. 민 27:1-11; 36:1-13). 우즈, 『신명기 - 틴데일 구약주석 시리즈 5』, 172.

289) 더햄, 『출애굽기 WBC 주석』, 490; חָמַד는 과도하고, 통제할 수 없는 이기적 욕망을 의미한다. BDB, 326.

290) 노트, 『국제성서 주석-출애굽기』, 199; Childs, *The Book of Exodus*, 425; 헤르만은 처음으로 חָמַד가 단순히 "탐하는 감정"만을 지시하지 않고 그 감정으로부터 뻗어 나오는 "취하는(take) 행동"도 포함한다고 주장하였다. J. Herrmann, "Das zehnte Gebot", Sellin-Festschrift (Leipzig: 1927), 238-39. 김이곤, "십계명과 그 가르침(2)", 「기독교사상」 32/9 (1988): 211에서 재인용.

291) 우즈, 『신명기 - 틴데일 구약주석 시리즈 5』, 172.

싶어 하는 욕구"를 말한다.[292] 십계명의 마지막 계명은 인류 최초 범죄의 원인이며, 모든 죄악의 뿌리가 되는 이 탐심을 철저하게 경계해야 한다고 말씀한다.

⦂ 미쉬파팀의 규정

탐심을 금하시는 열 번째 계명과 관련된 율례들은 출애굽기 22장과 23장에 기록되어 있다.

돈에 대한 욕심을 버리라

> **출 22:25-27** [25]네가 만일 너와 함께 한 내 백성 중에서 가난한 자에게 돈을 꾸어 주면 너는 그에게 채권자 같이 하지 말며 이자를 받지 말 것이며 [26]네가 만일 이웃의 옷을 전당 잡거든 해가 지기 전에 그에게 돌려보내라 [27]그것이 유일한 옷이라 그것이 그의 알몸을 가릴 옷인즉 그가 무엇을 입고 자겠느냐 그가 내게 부르짖으면 내가 들으리니 나는 자비로운 자임이니라

출애굽기 22:25-27은 한마디로 돈에 대한 욕심을 갖지 말라는 것이다. 하나님께서는 가난한 자에게 돈을 꾸어 주었을 경우 채권자와 같이 하지 말고 이자를 받지 말라고 말씀하신다. 내가 남보다 좀 더 가진 것이 있다면 기꺼이 도와주라는 것이다. 하나님께서는 담보를 받고 빌려주더라도 이자는 받지 말라고 말씀하신다. 앞서 살펴본 바와 같이 하나님께서는 사람들이 적절한 노동을 통해 자기의 필요를 채우도록 하셨다. 그러나 여러 가지 요인들로 인해서 적절한 노동의 기회가 주어지지 않을 경우, 또는 정

---

292) 손재익, 『십계명-언약의 10가지 말씀』, 382.

상적인 경제활동이 어려운 처지에 놓인 경우, 내가 도와줄 수 있는 여력이 있다면 마땅히 도와주어야 한다. 이웃의 곤란한 상황을 자기의 유익을 도모하는 기회나 수단으로 삼지 말아야 한다.

또한 하나님께서는 네가 만일 이웃의 옷을 전당 잡거든 해가 지기 전에 그 옷을 돌려주라고 말씀하신다. 유대인들에게 있어서 옷은 밤에 잘 때 이불과 같은 역할을 한다. 따라서 낮과 밤의 기온 차이가 심한 팔레스타인 지역에서 이 옷이 없이는 잠을 잘 수 없고 무사히 밤을 보낼 수도 없다. 그런데 얼마나 다급했으면 생명과도 같은 옷을 전당 잡히고 돈을 빌려 갔겠는가? 하나님께서는 해가 지기 전에 그 옷을 돌려주라고 명하신다. 돈에 대한 욕심을 버리지 않으면 불가능한 일이다.

▌뇌물을 받지 말라

> **출 23:6-9** [6]너는 가난한 자의 송사라고 정의를 굽게 하지 말며 [7]거짓 일을 멀리하며 무죄한 자와 의로운 자를 죽이지 말라 나는 악인을 의롭다 하지 아니하겠노라 [8]너는 뇌물을 받지 말라 뇌물은 밝은 자의 눈을 어둡게 하고 의로운 자의 말을 굽게 하느니라 [9]너는 이방 나그네를 압제하지 말라 너희가 애굽 땅에서 나그네 되었었은즉 나그네의 사정을 아느니라

가난한 자의 송사를 공평하게 진행하고, 공정한 재판을 위해 뇌물을 받지 말라는 말씀도 결국은 돈에 대한 욕심, 탐심과 관련이 있다.

▌안식년 땅의 휴경

> **출 23:10-11** [10]너는 여섯 해 동안은 너의 땅에 파종하여 그 소산을 거두고 [11]일곱째 해에는 갈지 말고 묵혀두어서 네 백성의 가난한 자들이 먹게 하라 그 남은 것은 들짐승이 먹으리라 네 포도원과 감람원도 그리할지니라

안식년에 관한 규정에서 하나님께서는 여섯 해 동안 땅에 파종하여 그 소산을 거두고 일곱째 해에는 갈지 말고 묵혀두라고 말씀하신다. 이는 가난한 자들을 위한 배려이다. 심지어 들짐승까지도 보살피시는 하나님이시다. 그런데 한 해의 소출을 포기할 수 없다는 탐욕이 있다면 안식년 규례를 지킬 수 없을 것이다.

▎헌물 바치기를 더디하는 것

> **출 22:29-30** ²⁹너는 네가 추수한 것과 네가 짜낸 즙을 바치기를 더디하지 말지며 네 처음 난 아들들을 내게 줄지며 ³⁰네 소와 양도 그와 같이 하되 이레 동안 어미와 함께 있게 하다가 여드레 만에 내게 줄지니라

추수 감사 예물, 사람이나 가축의 초태생을 하나님께 바치기를 주저하게 만드는 것 역시 탐욕에서 기인한다.

⦂ 제10계명의 확장

> 탐심은 마음가짐으로부터 나오며 죄를 가져오고 결국 행동으로 끝나게 된다.²⁹³⁾

탐심은 명백한 행동으로 나타나기 전에 오직 하나님만이 아시는 마음의 상태이다.

> **막 7:20-23** ²⁰또 이르시되 사람에게서 나오는 그것이 사람을 더럽게 하느니라 ²¹속에서 곧 사람의 마음에서 나오는 것은 악한 생각 곧 음란과 도둑질과 살인과 ²²간음과 탐욕과 악독과 속임과 음탕과 질투와 비방과 교만과 우매함이니 ²³이 모든 악한 것이 다 속에서 나와서 사람을 더럽게 하느니라

---

293) 카일, 델리취, 『카일·델리취 구약주석 2: 출애굽기』, 250.

세상에서는 어떤 사람이 마음속에 탐심을 품었다고 법을 위반했거나 죄를 범했다고 말할 수 없을 것이다. 세상 법정에서도 탐심으로 야기된 범죄 행위가 드러났을 경우 처벌할 수 있다. 그러나 사람의 마음과 양심을 감찰하시는 하나님(대상 29:9; 28:9; 시 7:9; 잠 16:2; 21:2; 살전 2:4)께서는 다른 사람의 것을 탐하는 마음 자체로도 죄가 된다고 분명하게 말씀하신다.

> 다른 계명들을 범한 행동은 쉽게 발견되고, 정죄되고, 판단 받을 수 있지만, 십계명의 마지막 금지 조항은 죄의 최악의 형태는 언제나 눈에 보이지 않는 것임을 상기시킨다. 하지만 이 계명은 우리의 바라는 바를 아시고, 우리 마음의 의도를 읽으실 수 있는 하나님의 능력을 전제로 한다. 그것은 이스라엘의 믿음의 본질을 직접 보여 준다. 여호와 하나님은 형식적인 종교의식의 세부 사항이나 올바른 도덕적 행위에만 관심을 가지고 계신 것이 아니라 우리 마음이 그 분 앞에서 올바르기를 원하신다.[294]

하나님께서는 사람들이 땀 흘려 일해서 필요한 것을 얻도록 하셨다. 사람들은 정당한 노동을 통해서 자기의 필요와 욕구를 충족할 수 있다. 하나님께서는 자기의 것이 아닌 다른 사람의 것을 탐하는 생각 그 자체로도 죄가 된다고 말씀하신다. 탐심은 곧 하나님께서 제정하신 창조 질서를 거역하는 죄악이다.

에덴 동산에서 아담과 하와는 하나님께서 금하신 선악을 알게 하는 나무의 열매를 탐하여 하나님의 말씀을 거역하고 따먹었다(창 3:6). 선악을 알게 하는 나무의 열매를 먹으면 하나님과 같아질 수 있다는 사단의 유혹이 그들의 탐심에 불을 지핀 것이다(창 3장). 아간은 아이 성에서 시날 산의 아름다운 외투 한 벌과 은 이백 세겔과 오십 세겔의 금덩이 하나를 보고 탐내어 자기 장막 땅속에 감추었다(수 7:21). 아간의 범죄로 인해 이스라엘은 아이 성 전투에서 패하고 낙심하여 사기가 땅에 떨어졌다(수 7장).

---

294) 브라운, 『신명기 강해』, 130.

성경은 다음과 같이 분명하게 탐심에 대해 경계한다.

약 1:14-15 ¹⁴오직 각 사람이 시험을 받는 것은 자기 욕심에 끌려 미혹됨이니 ¹⁵욕심이 잉태한즉 죄를 낳고 죄가 장성한즉 사망을 낳느니라

딤전 6:10 돈을 사랑함이 일만 악의 뿌리가 되나니 이것을 탐내는 자들은 미혹을 받아 믿음에서 떠나 많은 근심으로써 자기를 찔렀도다

나에게 허락되지 않은 것에 대해 욕심을 갖는 것, 그 대상이 사람이건, 재물이건, 다른 사람의 소유물이건 간에 일만 악의 뿌리가 된다.

시 10:3 악인은 그의 마음의 욕심을 자랑하며 탐욕을 부리는 자는 여호와를 배반하여 멸시하나이다

욕심이 눈 앞을 가리고 탐심이 마음속에 자리를 잡게 되면 하나님은 물론이고 부모도 형제도 눈에 들어오지 않는다. 따라서 제1계명에서 제10계명까지 십계명의 모든 계명을 다 범하게 된다.[295]

▎탐심을 물리치라

눅 12:15 그들에게 이르시되 삼가 모든 탐심을 물리치라 사람의 생명이 그 소유의 넉넉한 데 있지 아니하니라 하시고

우리는 모든 탐심을 물리쳐야 한다. 이 탐심은 모든 죄악의 뿌리가 되기 때문이다. 탐심은 하나님을 향해 죄를 범하게 만들고, 탐심은 이웃을 향해 죄를 범하게 만든다.

---

295) 보스도 "살인, 도적질, 간음, 거짓 증거의 외부적인 죄들이 모두 탐심이라는 한 근원에서 연유한다."라고 말한다. 보스, 『성경신학』, 151.

골 3:5 그러므로 땅에 있는 지체를 죽이라 곧 음란과 부정과 사욕과 악한 정욕과 탐심이니 탐심은 우상 숭배니라

갈 5:24 그리스도 예수의 사람들은 육체와 함께 그 정욕과 탐심을 십자가에 못 박았느니라

"다른 사람의 소유를 원하고 차지하려고 노력한다는 것은 하나님의 은혜에 만족하지 못하고 하나님의 사랑에 대한 믿음의 결핍을 보여 주는 것이다."[296] 탐심을 버리기 위해 우리는 무엇보다도 우리에게 이루어지는 모든 일이 하나님으로부터 말미암은 것이라는 사실을 확신하며 하나님께 감사하고 하나님의 인도하심을 바라보는 믿음이 있어야 한다.

하나님께서는 사람에 따라 각기 다른 재능과 은사를 주신다. 또 그 사람의 믿음의 분량대로 감당할 만큼의 재물과 소유를 허락하신다. 이러한 것들을 많이 가졌다고 해서 성공한 것이 아니고, 조금 가지고 있다고 해서 실패한 것도 아니다.

딤후 2:20-21 [20]큰 집에는 금 그릇과 은 그릇뿐 아니라 나무 그릇과 질그릇도 있어 귀하게 쓰는 것도 있고 천하게 쓰는 것도 있나니 [21]그러므로 누구든지 이런 것에서 자기를 깨끗하게 하면 귀히 쓰는 그릇이 되어 거룩하고 주인의 쓰심에 합당하며 모든 선한 일에 준비함이 되리라

큰 집에는 금 그릇도 있고 은 그릇도 있고 질그릇도 있고 나무 그릇도 있다. 금이나 은그릇이라고 해서 귀히 쓰이는 것이 아니고, 또 질그릇이나 나무 그릇이라고 해서 천하게 쓰이는 것도 아니다. 하나님께서 귀히 쓰시는 그릇은 깨끗한 그릇이다. 하나님 나라에서는 많이 가졌다고 크게 쓰이는

---

296) 콜, 『출애굽기: 틴델 구약주석』, 232.

것이 아니고 적게 가졌다고 적게 쓰임을 받는 것이 아니다. 많으면 많은 대로, 적으면 적은 대로 하나님께서 쓰시는 그릇이 좋은 그릇이다. 따라서 다른 사람과 비교하며 내가 남보다 가진 것이 많다고 교만한 마음을 품지 말아야 한다. 또한 내가 남보다 가진 것이 적다고 열등의식에 사로잡히거나 탐욕으로 하나님 앞에서 죄를 범할 필요가 없다. 오히려 나에게 주신 것들에 대해 하나님께 감사하며 이것들로 어떻게 하나님께 영광을 돌려 드릴 수 있을 것인가를 생각하는 것이 성도의 도리이다.

원죄의 원인인 탐욕은 모든 죄악의 근원이다. 탐욕으로부터 자유로울 사람은 아무도 없을 것이다. 히브리서 13:5-6은 돈에 대한 욕심과 관련하여 주께서 "내가 결코 너희를 버리지 아니하고 너희를 떠나지 아니하리라"라고 말씀하신 것을 상기시키며 "주는 나를 돕는 이"라고 담대하게 말한다.

> **시 119:33-36** ³³여호와여 주의 율례들의 도를 내게 가르치소서 내가 끝까지 지키리이다 ³⁴나로 하여금 깨닫게 하여 주소서 내가 주의 법을 준행하며 전심으로 지키리이다 ³⁵나로 하여금 주의 계명들의 길로 행하게 하소서 내가 이를 즐거워함이니이다 ³⁶내 마음을 주의 증거들에게 향하게 하시고 탐욕으로 향하지 말게 하소서

"주의 계명과 율례를 전심으로 준행하며 내 마음을 탐욕으로 향하지 말게 하옵소서."라고 기도하며 하나님을 바라보라.

십계명은 전심으로 하나님께 헌신을 요구함으로 시작한다. 이 헌신은 오직 하나님만이 판단하신다. 그리고 십계명은 각 이스라엘 사람들에게 이웃에 대하여 순전한 마음을 갖도록 요청함으로 마무리된다. 이것 역시 하나님만이 판단하실 문제이다.

제4부

결 론

일의 결국을 다 들었으니
하나님을 경외하고 그 명령을 지킬찌어다
이것이 모든 사람의 본분이니라

(전 12:13)

왕 같은 제사장의 삶

출 19:4-6 [4]내가 애굽 사람에게 어떻게 행하였음과 내가 어떻게 독수리 날개로 너희를 업어 내게로 인도하였음을 너희가 보았느니라 [5]세계가 다 내게 속하였나니 너희가 내 말을 잘 듣고 내 언약을 지키면 너희는 모든 민족 중에서 내 소유가 되겠고 [6]너희가 내게 대하여 제사장 나라가 되며 거룩한 백성이 되리라

벧전 2:9 그러나 너희는 택하신 족속이요 왕 같은 제사장들이요 거룩한 나라요 그의 소유된 백성이니 이는 너희를 어두운데서 불러 내어 그의 기이한 빛에 들어가게 하신 자의 아름다운 덕을 선전하게 하려 하심이라

　사도 요한은 요한계시록 1:5-6에서 죽은 자 가운데서 부활하신 예수 그리스도께서 그의 피로 우리를 구원하시고 하나님을 위하여 우리를 "나라와 제사장"으로 삼으셨다고 말씀한다. 요한계시록 5:10에서는 일찍이 죽임을 당하신 어린 양이 "각 족속과 방언과 백성과 나라 가운데서 사람들을 피로 사서 하나님께 드리시고 그들로 우리 하나님 앞에서 나라와 제사장들을 삼으셨으니 그들이 땅에서 왕 노릇 하리로다"라고 말씀한다. 사도 바울도 로마서 5:17에서 예수를 믿음으로 "은혜와 의의 선물을 넘치게 받는 자(성도)들은 한 분 예수 그리스도를 통하여 생명 안에서 왕 노릇 하리로다"라고 말씀한다. 베드로 사도 역시 베드로전서 2:9에서 기독교인들은 하나님의

"택하신 족속이요 왕 같은 제사장이요 거룩한 나라요 그의 소유된 백성"이라고 말씀한다. 우리는 예수 믿고 구원받은 성도로서 하나님 앞에서(계 1:6) 하나님을 위하여(계 5:10) 감당해야 할 왕 같은 제사장으로서의 사명이 있다.

하나님께서는 기독교인들에게 "왕 같은 제사장"으로서의 사명을 주셨을 뿐만 아니라 그 사명을 감당하는 방법까지도 알려 주셨다. 그것이 바로 십계명이다. 이 십계명을 지켜 행함으로 우리는 이 세상과 구별되는 거룩한 삶을 통해 우리를 구원하신 하나님과 예수 그리스도의 십자가와 복음을 전하는 복음 전파의 사명을 감당할 수 있다.

구원이 끝이 아니고 구원이 전부가 아니다. 하나님께서는 예수 그리스도의 피로 구원하신 성도들이 하나님의 말씀을 듣고 지켜 순종함으로 왕 같은 제사장으로서의 사명을 감당하기 원하신다. 하나님께서 우리를 택하시고 구원하신 하나님의 뜻을 이루기 위해 우리는 말씀 앞에 서야 한다.

신·구약성경은 처음부터 끝까지 사람들에게 하나님의 말씀을 따라 살 것을 강권한다. 하나님께서는 가나안 입성을 앞둔 이스라엘 백성들에게 모세를 통해 하나님의 말씀을 순종할 때 임할 하나님의 복에 대해 알려 주셨다.

> **신 26:16-19** [16]오늘 네 하나님 여호와께서 이 규례와 법도를 행하라고 네게 명령하시나니 그런즉 너는 마음을 다하고 뜻을 다하여 지켜 행하라 [17]네가 오늘 여호와를 네 하나님으로 인정하고 또 그 도를 행하고 그의 규례와 명령과 법도를 지키며 그의 소리를 들으라 [18]여호와께서도 네게 말씀하신 대로 오늘 너를 그의 보배로운 백성이 되게 하시고 그의 모든 명령을 지키라 확언하셨느니라 [19]그런즉 여호와께서 너를 그 지으신 모든 민족 위에 뛰어나게 하사 찬송과 명예와 영광을 삼으시고 그가 말씀하신 대로 너를 네 하나님 여호와의 성민이 되게 하시리라

신 28:1-6 [1]네가 네 하나님 여호와의 말씀을 삼가 듣고 내가 오늘날 네게 명하는 그 모든 명령을 지켜 행하면 네 하나님 여호와께서 너를 세계 모든 민족 위에 뛰어나게 하실 것이라 [2]네가 네 하나님 여호와의 말씀을 순종하면 이 모든 복이 네게 임하며 네게 이르리니 [3]성읍에서도 복을 받고 들에서도 복을 받을 것이며 [4]네 몸의 자녀와 네 토지의 소산과 네 짐승의 새끼와 소와 양의 새끼가 복을 받을 것이며 [5]네 광주리와 떡 반죽 그릇이 복을 받을 것이며 [6]네가 들어와도 복을 받고 나가도 복을 받을 것이니라

하나님께서는 "하나님 여호와의 말씀을 삼가 듣고", 하나님께서 "명하시는 그 모든 명령을 지켜 행하면" 너를 그 지으신 모든 민족 위에 뛰어나게 하실 것이요, 모든 복이 네게 임할 것이라고 말씀하신다. 하나님께서는 구원받은 성도들이 왕 같은 제사장으로서 하나님께 순종하는 모습을 통해 온 세상이 하나님이 어떤 분이신가를 알고 죄에서 돌이켜 하나님께로 나아오기를 원하신다.

구약성경의 역사서에서도 하나님께서는 하나님의 말씀을 지켜 행하라고 말씀하신다.

수 1:7-8 [7]오직 강하고 극히 담대하여 나의 종 모세가 네게 명한 율법을 다 지켜 행하고 우로나 좌로나 치우치지 말라 그리하면 어디로 가든지 형통하리니 [8]이 율법책을 네 입에서 떠나지 말게 하며 주야로 그것을 묵상하여 그 안에 기록된 대로 다 지켜 행하라 그리하면 네 길이 평탄하게 될 것이며 네가 형통하리라

하나님께서는 가나안 입성을 앞둔 여호수아에게 "나의 종 모세가 네게 명한 율법을 다 지켜 행하라", "이 율법책을 네 입에서 떠나지 말게 하며 주야로 묵상하여 그 안에 기록된 대로 다 지켜 행하라"라고 말씀하신다.

전 12:13 일의 결국을 다 들었으니 하나님을 경외하고 그 명령을 지킬찌어다
이것이 모든 사람의 본분이니라

구약성경의 시가서에서도 하나님께서는 솔로몬의 입을 통해 하나님을
경외하고 그 명령에 순종하는 것이 사람의 본문이라고 말씀하신다.

말 4:4 너희는 내가 호렙에서 온 이스라엘을 위하여 내 종 모세에게 명령한
법 곧 율례와 법도를 기억하라

구약성경의 마지막 책인 말라기서에서도 하나님께서는 호렙 산[297]에서
모세에게 명령하신 법(תּוֹרָה), 곧 율례와 법도(וְחֻקִּים וּמִשְׁפָּטִים)를 기억하라고
말씀하신다. 구약성경에서 "기억하라"라는 말은 과거의 사건을 회상하거나
생각하는 것 이상의 사실을 의미한다.[298] 박윤선은 "율례와 법도를 기억하
라"라는 말은 "모세의 율법을 지키라"라는 의미라고 말한다.[299] 하나님께서
시내 산에서 모세를 통해 주신 율례와 법도의 핵심이 바로 십계명이다.

신약성경도 말씀에 대한 순종을 강조한다.

마 7:24-27 [24]그러므로 누구든지 나의 이 말을 듣고 행하는 자는 그 집을 반
석 위에 지은 지혜로운 사람 같으니 [25]비가 내리고 창수가 나고 바람이 불
어 그 집에 부딪히되 무너지지 아니하나니 이는 주추를 반석 위에 놓은 까닭
이요 [26]나의 이 말을 듣고 행하지 아니하는 자는 그 집을 모래 위에 지은 어리
석은 사람 같으니 [27]비가 내리고 창수가 나고 바람이 불어 그 집에 부딪치
매 무너져 그 무너짐이 심하니라

---

297) 호렙 산은 시내 산의 다른 이름이다(출 3:1; 19:18-25; 24:16-18; 신 30:10 참조).
298) 랄프 스미드, 『WBC 성경주석: 미가-말라기』, 채천석, 채훈 역 (서울: 솔로몬, 2001), 483.
299) 박윤선, 『성경주석: 소선지서』 (서울: 영음사, 1993), 512.

신약성경의 첫 번째 책인 마태복음을 보면 예수님께서는 산상수훈(마 5장-7장)을 마무리하시면서 집 짓는 자의 비유로 순종의 중요성을 강조하신다. 예수님께서는 누구든지 "나의 이 말을 듣고 행하는 자"는 지혜로운 사람이고, "나의 이 말을 듣고 행치 아니하는 자"는 어리석은 사람이라고 말씀하신다. 하나님의 말씀 앞에서 우리에게 요구되는 것은 "순종"이다.

> **계 1:3** 이 예언의 말씀을 읽는 자와 듣는 자와 그 가운데에 기록한 것을 지키는 자는 복이 있나니 때가 가까움이라

신약성경의 마지막 책인 요한계시록 1:3에서도 사도 요한은 하나님의 말씀에 대한 순종을 강조한다. 하나님의 말씀을 읽고, 하나님의 말씀을 듣고, 그 가운데 기록한 대로 지켜 순종함으로, 우리는 왕같은 제사장으로서의 사명을 잘 감당함은 물론 하나님께서 약속하신 복을 풍성하게 받아 누리게 된다.

결론적으로 십계명과 율례들은 구원받기 위한 조건이 아니라 이미 구원받은 이스라엘 백성들이 하나님 앞에서 어떻게 살아야 하는지를 가르쳐 주신 하나님의 말씀이다. 그래서 우리는 왕 같은 제사장으로서의 사명을 잘 감당하기 위해 십계명과 율례들을 알아야 하고 또 지켜 행하기를 힘써야 한다. 이것이 바로 "우리를 기이한 빛에 들어가게 하신 이의 아름다운 덕을 선전"하는 복음 전파의 삶이다.

Albright, W. F. *From Stone Age to Christianity*. 2nd ed. New York: Doubleday, 1957.

Alt, A. "Das Verbot des Diebstahls im Dekalog." *Kleine Schriften* I (1953).

_____. "The Origins of Israelite Law." in *Essays on Old Testament History and Religion*. trans. R. A. Wilson. Oxford: Basil Blackwell, 1966.

Andrew, M. E. "Falsehood and Truth." *Interpretation*. 17 (1963).

Barbiero, Gianni. *L'asino del nemico: Rinuncia alla vendetta e amore del nemico nella legislazione dell'Antico Testamento* (Es.23,4−5; Dt. 22,1−4;LV.19,17−18). Analecta Biblica 128. Roma: Pontificium institutum biblicum, 1991.

Beyerlin, W. *Origins and History of the Oldest Sinaitic Traditions*. trans. S. Rudman. Oxpord: Basil Blackwell, 1965.

Brown, Francis., Driver S., and Briggs, C. A. *The Brown-Driver-Briggs Hebrew and English Lexicon With an Appendix Containing the Biblical Aramaic*. Peabody: Hendrickson Publishers, 1999.

Calvin, John. *Commentaries on the Four Last Books of Moses: Arranged in the Form of A Harmon*. vol. II. Grand Rapids: Baker Book House, 2009.

_____. *Commentaries on the Four Last Books of Moses: Arranged in the Form of A Harmony*, vol. I. Grand Rapids: Baker Book House, 2009.

_____. *Institutes of the Christian Religion*. trans. Henry Beveridge. Peabody: Handrick son Publishers, Inc., 2008.

Cassuto, Umberto. *A Commentary on the Book of Exodus*. trans. Israel Abraham. Jerusalem: Magnes Press, 1967.

Childs, Brevard S. *Exodus*. London: SCM Press, 1974.

_____. *Old Testament Theology in a Canonical Context*. Philadelphia: Fortress, 1985.

_____. *The Book of Exodus: A Critical, Theological Commentary*. Louisville: Westmi nster John Knox, 1974.

Cole, R. Alan. *Exodus: An Introduction and Commentary*. Leicester: Intervarsity Press, 1973.

Congdon, R. N. "Exodus 21:22−25 and the Abortion Debate." *BSac*. 146 (1989).

Drazin, Israel. Wagner, Stanley M. *Onkelos On The Torah; Understanding the Bible Text Exodus*. Jerusalrem: Gefen Publishing House, 2006.

Dyrness, William. *Themes in Old Testament Theology*. Downers Grove: IVP, 1979.

Folrer, G. *Introduction to the Old Testament*. London: S.P.C.K., 1970.

Fretheim, Terence E. Interpretation: *A Bible Commentary for Teachinig and Preaching*. Louisville: John Knox, 1991.

Gordon, Cyprus H. "Elohim in Its Reputed Meaning of Rulers, Judges." *Journal of Biblical Literature*. 54 (1935).

Hesselink, I. John. *Calvin's First Catechism: a commentary: featuring Ford Lewis Battles' translation of the 1538 Catechism*. Louisville, KY: Westminster John Knox Press, 1997.

Hyatt, J. Philip. *Exodus*. Grand Rapids: Wm. B. Eerdmans Publishing Co., 1980.

Kautzsch, E. ed. *Gesenius' Hebrew Grammar*. trans. Arthur E. Cowley. Oxford: Clarendon Press, 1910. 『히브리어 문법』. 신윤수 역. 서울: 비블리카 아카데미, 2003.

Keil, C. F. *Commentary on the Old Testament: Pentateuch*. Grand Rapids: Eerdmans, 1978.

Kitchen, Kenneth A. "The Patriarchal Age: Myth or History? Comparing Biblical Details With Historical Facts." *Biblical Archeology Review* 21. no. 2 (March/April 1995).

Lohfink, Norbert. "Property in the Laws of the Ancient Near East and of the Bible." *Theological Studies* 52 (March, 1991).

Luther, Martin. *Luther's Large Catechism*. trans. J. N. Lenker. Minneapolis: Augsburg Publishing Company, 1967.

Meyer, Johannes. *Historischer Kommentar zu Luthers Kleinem Katechismus*. Gütersloh: Bertelsmann, 1929.

Noth, Martin. Exodus: *A Commentary*. Philadelphia: The Westminster Press, 1962.

Propp, William H. C. *Exodus 19-40*. Anchor Yale Bible Commentary. New York: Doubleday, 2006.

Rad, Gerhard von. *Deuteronomy, Old Testament Library*. Louisville, KY: Westminster John Knox Press, 1966.

_____. *Old Testament Theology*. Vol I. trans. D.M.G. Stalker. New York: Happer & Row, 1962.

Sprinkle, Jeo M. *The Book of Covenant: A Literary Approach*. Journal for the Study of the Old Testament Supplement Series No. 174. Sheffield, England: Sheffield Academic Press, 1994.

_____. "The Interpretation of Exodus 21:22-25 (Lex Talionis) and Abortion." *WTJ*. 55 (1993).

Stamm, J. J. and Andrews, M. E. *The Ten Commandments in Recent Research*. SBT, 2d Series 2; Naperville, Ill.: Allenson, 1967.

Water Beyerlin, *Origins and History of the Oldest Sinaitic Traditions*, trans. S. Rudman. Oxpord: Basil Blackwell, 1965.

Weinfeld, Moshe. *Deuteronomy 1-11: A New Translation with Introduction and Commentary*. Anchor Bible 5. New York: Doubleday, 1991.

Westbrook, Raymond. *Studies in Biblical and Cuniform Law, Cahiers de la Revue Biblique*. Paris: J. Gabalda, 1988.

Yoder, John H. "Expository Article." *Interpretation*. Vol. 34 (1980).

Young, Edward J. and Bruce, F. F. "sabbath." in *NBD*. 2nd. Edition. Leicester: IVP, 1982.

강사문. "살인 금지에 대한 연구".「교회와 신학」제22집 (1990).

강영안.『강영안 교수의 십계명 강의』. 서울: 한국기독학생회출판부(IVP), 2009.

권오윤. "출애굽기 20장-23장: 하나님의 계시로서의 언약서". 신학석사논문, 아세아연합신학대학교, 1998.

_____.『왕같은 제사장: 베드로전서 2:9의 관점에서 본 창세기』. 파주: 바라봄, 2021.

기스펜, W. H.『반즈 성경주석 출애굽기』. 최종태 역. 서울: 크리스챤 서적, 1991.

김규섭. "The Meaning of 'mamleket kohanim' in Exodus 19:6 Revisited."「성경원문

연구』 35 (2014).

김선종. 『덤불 속 두 돌판: 십계명의 신학과 윤리』. 서울: 기독교문서선교회, 2020.

김영재 편. 『기독교신앙고백』. 수원: 도서출판 영음사, 2011.

김의원. 『구약신학』. 서울: 총신대학신학대학원, 1996년 가을학기.

김이곤. "십계명과 그 가르침(1)". 「기독교사상」 32/8 (1988).

_____. "십계명과 그 가르침(2)". 「기독교사상」 32/9 (1988).

_____. 『출애굽기의 신학』. 서울: 한국신학연구소, 1989.

김정준. "십계명 연구". 「기독교사상」 9/8 (1965. 9).

김지찬. 『데칼로그: 십계명, 어떻게 이해할 것인가?』. 서울: 생명의말씀사, 2016.

김회권. 『하나님 나라 신학으로 읽는 모세오경』. 서울: 복있는사람, 2017.

노트, 마르틴. 『국제성서주석: 출애굽기』. 한국신학연구소 역. 서울: 한국신학연구소, 1981.

노희원. 『십계명 연구』. 서울: 은성, 1995.

_____. 『최근의 십계명 연구』. 서울: 은성, 1995.

더햄, 존. 『출애굽기 WBC 주석』. 손석태, 채천석 역. 서울: 솔로몬, 2001.

덤브렐, 윌리엄 J. 『새 언약과 새 창조』. 장세훈 역. 서울: 기독교문서선교회, 2003.

뎀프스터, 스티븐. 『하나님 나라 관점에서 읽는 구약신학』. 박성창 역. 서울: 부흥과 개혁사, 2012.

드영, 캐빈. 『마음에 새겨야 할 하나님의 명령: 십계명』. 조계광 역. 서울: 생명의 말씀사, 2019.

라이큰, 필립 그레이엄. 『돌판에 새긴 말씀: 십계명과 오늘날의 도덕적 위기』. 안영미 역. 서울: 개혁주의신학사, 2015.

라이트, 크리스토퍼. 『현대인을 위한 구약 윤리』. 정옥배 역. 서울: IVP, 1989.

레이몬드, 로버트 L. "전통적 언약신학 견해". 『이스라엘과 교회에 대한 관점, 네 가지 견해』. 채드 O. 브랜드 편, 정규영 역. 이천: 성서침례대학원대학교 출판부, 2016.

말텐스, 엘머 에이. 『하나님의 계획: 새로운 구약신학』. 김의원 역. 서울: 아가페출판사, 1989.

박요한 영식. 『십계명』. 서울: 카톨릭대학출판부, 2002.

박윤선. "십계명 요해". 「신학정론」 제3권 제2호 (1985).

_____. 『성경주석-요한복음』. 서울: 영음사, 1992.

반즈, 알버트. 『요한복음』. 정중은 역. 서울: 크리스챤서적, 1987.

보스, 게르할더스. 『성경신학』. 이승구 역. 서울: 기독교문서선교회, 2000.

보크, 데렐. and 그레이저, 미치, 편. 『첫째는 유대인에게』. 김진섭 역. 서울: 이스트윈드, 2011.

브라운, 레이먼드. 『신명기 강해』. 정옥배 역. 서울: IVP, 1997.

브라운, 레이몬드 E. 『앵커바이블: 요한복음』. 최흥진 역. 서울: 기독교문서선교회, 2013.

브루그만, 월터. 『현대성서주석 창세기』. 강성열 역. 서울: 한국장로교출판사, 2000.

브루크너, 제임스. 『출애굽기』. 김귀탁 역. 서울: 성서유니온, 2015.

샌더스, E. P. 『바울과 팔레스타인 유대교』. 박규태 역. 서울: 알맹e, 2018.

손재익. 『십계명-언약의 10가지 말씀』. 서울: 디다스코, 2017.

신성자. 『구약윤리』. 서울: 총신대학교출판부, 1998.

에프, 데오도르 H. 『창조의 하나님』. 고광자 역. 서울: 바울서신사, 1989.

오스본, 그랜트. 『적용을 도와주는 베드로전/후서, 유다서』. 류호영 역. 서울: 한국성서유니온선교회, 2008.

와츠, 존. 『WBC 성경주석 이사야 하』. 강철성 역. 서울: 솔로몬출판사, 2002.

우드, 레온. 『이스라엘의 역사』. 김의원 역. 서울: 기독교문서선교회, 1985.

우즈, 에드워드 J. 『신명기 – 틴데일 구약주석 시리즈 5』. 김정훈 역. 서울: 기독교문서선교회, 2016.

월트키, 브루스 K. 『구약신학』. 김귀탁 역. 서울: 부흥과개혁사, 2012.

월키, 브루스 K. and 프레드릭스, 캐시 J. 『창세기 주석』. 김경열 역. 서울: 새물결플러스, 2018.

이경직. "하이델베르크 요리문답 해설에 나타난 십계명 이해". 「한국개혁신학」 제40권 (2013).

이상웅. "마르틴 루터의 대교리문답 – 역사적 배경과 십계명, 사도신경 그리고 주기도문에 대한 해설에 대한 분석". 「한국개혁신학」 55 (2017).

이승구. 『하이델베르크 요리문답 강해시리즈 3: 위로받은 성도의 삶』. 서울: 나눔과
　　섬김, 2015.

이한영. 『역사와 서술에서의 오경 메시지』. 서울: 크리스챤출판사, 2008.

정규남. 『구약개론』. 서울: 개혁주의신행협회, 1985.

＿＿＿＿. 『구약신학의 맥』. 서울: 도서출판 두란노, 1996.

차일즈, 브레바드 S. 『구약신학』. 박문재 역. 서울: 크리스챤다이제스트, 1997.

채영삼. 『십자가와 선한 양심』. 서울: 이레서원, 2014.

카슨, D. A. 『요한복음』. 박문재 역. 서울: 솔로몬, 2017.

카이저, 옷토. 『구약성서개론』. 이경숙 역. 왜관: 분도출판사, 1995.

카이저, 월터. 『구약성경윤리』. 홍용표 역. 서울: 생명의말씀사, 1990.

카일, C. F. and 델리취, F. 『카일·델리취 구약주석 2: 출애굽기』. 김득중 역. 서울:
　　기독교문화사, 1987.

칼빈, 존. 『칼빈의 십계명 강해』. 김광남 역. 고양: 비전북, 2011.

＿＿＿＿. 『기독교강요』. 김종흡, 신복윤, 이종성, 한철하 역. 서울: 생명의말씀사, 1988.

＿＿＿＿. 『칼빈주석 4 - 출애굽기 레위기 민수기, 신명기 II』. 존 칼빈 성경주석 출판
　　위원회 편역. 서울: 성서원, 2001.

＿＿＿＿. 『칼빈주석 17: 공관복음』. 박문재 역. 고양: 크리스챤다이제스트, 2011.

콜, 아란. 『출애굽기: 틴델 구약주석』. 장도선 역. 서울: 기독교문서선교회, 1990.

크뤼제만, 프랑크. 『자유의 보존, 사회사적 관점에서 본 십계명의 주제』. 이지영 역.
　　서울: 크리스천 헤럴드, 1999.

＿＿＿＿. 『토라-구약성서 법전의 신학과 사회사』. 김상기 역. 서울: 한국신학연구소,
　　1995.

클라우니, 에드먼드 P. 『교회』. 황영철 역. 서울: IVP, 1998.

＿＿＿＿. 『예수님은 십계명을 어떻게 해석하셨는가?』. 신호섭 역. 서울: 크리스챤,
　　2008.

클라인, 메리데스. 『하나님 나라의 서막』. 김구원 역. 서울: 개혁주의신학사, 2007.

포이트레스, 번 S.『하나님 중심의 성경 해석학』. 최승락 역. 고양: 이레서원, 2018.

프랜스, R. T.『마태복음』. 권대용, 황의무 역. 서울: 부흥과개혁사, 2019.

프롱크, 코르넬리스.『하이델베르크 교리문답으로 보는 십계명』. 임정민 역, 수원: 그책의사람들, 2013.

헤그너, 도날드.『WBC 33하: 마태복음 14-28』. 채천석 역. 서울: 솔로몬, 2000.

왕 같은 제사장의 삶
십계명 해석의 원리와 실제
—

THE LIFE OF ROYAL PRIESTHOOD
Principle and Practices of the Interpretation
of the Ten Commandments

초판 1쇄 발행　2021년 8월 27일

지은이　　권오윤
펴낸이　　김은주
펴낸곳　　바라봄 barahBOM

책임편집　어윤선
디자인　　디자인봄
인쇄　　　천광인쇄

출판등록　2021년 7월 13일 제364-96-01513호
주소　　　경기 파주시 한빛로 11, 314-401
대표전화　070-4365-0368
e-mail　　el_barahbom@naver.com

ⓒ권오윤, 2021
ISBN 979-11-975534-1-7

• 값은 뒤표지에 있습니다.
• 이 책 내용의 전부 또는 일부를 재사용하려면 저자와 바라봄 barahBOM의 동의를 받아야 합니다.

바라봄barahBOM은 하나님의 말씀을 바르게 전하는 아름다운 책을 만들어가는 출판사입니다.